다들 엄마랑 대화가 통해?

다들 엄마랑 대화가 통해?

초판 1쇄 발행 2015년 8월 31일

지은이 손성은
펴낸이 이지은
펴낸곳 팜파스
기획 · 편집 박주혜
디자인 박진희
마케팅 정우룡
인쇄 (주)미광원색사

출판등록 2002년 12월 30일 제10-2536호
주소 서울시 마포구 어울마당로5길 18 팜파스빌딩 2층
대표전화 02-335-3681   **팩스** 02-335-3743
홈페이지 www.pampasbook.com | blog.naver.com/pampasbook
이메일 pampas@pampasbook.com | pampasbook@naver.com

값 12,000원
ISBN 979-11-7026-035-6 43190

이 도서의 국립중앙도서관 출판예정도서목록(CIP)은 서지정보유통지원시스템 홈페이지
(http://seoji.nl.go.kr)와 국가자료공동목록시스템(http://www.nl.go.kr/kolisnet)에서
이용하실 수 있습니다.(CIP제어번호: CIP2015021622)

다들
엄마랑
대화가
통해?

가장 가깝고도 먼 사이,
청소년과 부모의
대화 간격 좁히기

손성은 지음

팜파스

부모님과 함께 행복해 지고 싶은
청소년 여러분에게

안녕하세요. 청소년 여러분!

여러분을 책으로 만나게 되어 정말 기뻐요.

건강하고 행복하게 잘살기

이 책은 바로 여러분의 건강과 행복을 위한 책이에요. 건강하고

행복하게 잘 사는 것! 바로 여러분이 원하는 거죠? 우리 한번 이 말

을 직접 소리 내서 따라해 볼까요?

"건강하고 행복하게 잘 살기!"

좋아요. 이 말도 한번 따라해 보세요.

"활기차고 재미있게 잘 살기!"

잘했어요. 이 두 가지가 제가 이 책을 통해 여러분에게 꼭 알려주고 싶은 핵심입니다. 제가 왜 따라해 보라고 했을까요? 머릿속으로 이해하는데 그치지 않고 일상생활에서 곧바로 쓸 수 있으려면, 우선 나의 말과 행동이 바뀌어야하기 때문이에요. 이제 여러분은 이 책을 읽으면서 "건강하고 행복하게 잘 살기!", "활기차고 재미있게 잘 살기!"란 말을 반복해서 큰소리로 말해 보기로 해요. 또 여기 적힌 좋은 대화 내용도 직접 꼭 소리 내어 읽어 보세요. 우리의 행동은 생각과의 거리가 상당히 멀어요. 머리로 이해했다 해도 행동이 달라지는 건 또 다른 노력이 필요하답니다.

직접 말해보자

생각이 행동을 바꾸는 것은 맞지만, 그 거리가 멀기 때문에 생각과 행동이 따로 노는 경우가 많아요. 생각하는 뇌와 행동하는 뇌가 다르기 때문이에요. 그래서 여러분이 건강하고 행복하게 잘살고 싶다는 것을 머리로 생각하는 것과 한번 입으로 말하는 것은 큰 차이가 있어요. 말은 행동이기 때문에 입으로 말한 것은 자기 행동이 된답니다. 그리고 구체적으로 실현하는 것의 시작이 됩니다.

자다가 깨어도 말이 금방 튀어나올 정도로 "건강하고 행복하기"와 "활기차고 재미있게"를 몸에 익혀 봐요. 여기 나오는 좋은 말들도요. 그런 말이 여러분의 입에서 나오기 시작할 때 여러분의 행동이 바뀌기 시작할 거예요.

강하고 아름다워지기

공부하고 노력하고 애쓰는 것 모두 행복하고 잘 살기 위해서 아닌가요? (오래 살지 않았지만)그래도 지금까지 살아오면서 마음이 고달프고 힘들거나 한숨이 나올 일을 많이 겪었을 거예요. 힘든 일은 나이와 상관없이 항상 생기거든요. 파도가 치듯이 끊임없이 험한 일들이 여러분들에게 닥칠 거예요. 그런 어려움들을 겪고 이겨내면서 여러분이 더욱 강해지고 아름다워지기를 바랍니다. 그러려면 꼭 기억할 것들이 있어요. 저는 이 책에서 건강과 행복을 위한 몇 가지 비밀을 알려드리려고 해요. 소아청소년정신과 의사로서 부모님과 청소년들을 만나고 상담하고, 좋아지는 것을 직접 바라보면서 깨달아 온 비밀들이에요.

세 가지 비밀

첫째는 몸이에요. 몸이 건강해야 해요. 바른 자세, 밝은 얼굴과 표정, 좋은 반응, 행동, 이 모든 것이 몸에서 나와요. 건강과 행복도 몸으로 경험되기 때문이죠.

둘째는 마음을 잘 다루는 거예요.

어떤 상황에서도 주어진 것들을 감사하게 받아들이고 즐겁게 살아나가려는 긍정적인 선택이 여러분을 도와줄 거예요.

셋째는 바로 주변 사람들과 관계를 원만하게 하는 거예요.

그 주변 사람들과의 관계는 가족관계에서부터 시작해요. 특히 부모님과의 관계가 좋아지면 여러분은 세상을 살아가는데 필요한 풍부한 힘을 가지게 될 거예요.

부모님과의 관계

이 책을 쓰게 된 것은 부모님과 어떤 소통을 할 수 있느냐에 따라 청소년 여러분의 미래가 바뀐다는 걸 너무나 절실하게 느껴서랍니다. 이 책에서는 부모님과의 관계를 좋게 하기 위해서 필요한 마음가짐과, 일상생활에서 부모님을 어떻게 대해야하는가에 대해 여러분과 함께 생각해 보려고 해요. 저는 청소년들을 상담하면서 여러분이 자기 인생을 설계하고 열심히 달려가기도 바쁠 텐데, 의외로 집에서 부모님과 싸우면서 에너지를 쓰고 있는 걸 보곤 해요. 같은 편인데 왜 이렇게 서로 싸우고 있는 건지…. 가장 나를 사랑하고 도우려고 하는 사람과도 갈등이 있다면, 그 어떤 사람과도 행복할 수 없어요.

같은 편인데

물론 여러분을 힘들게 하는 부모님의 말과 행동이 있다는 걸 잘 알고 있어요. 그래도 비교적 많은 부모님들이 변화하기 위해 노력을 해요. 예를 들면, 엄마들은 자녀와 소통하기 위해서 부모 상담을 하거나 부모를 위한 대화법 책을 읽기도 해요. 하지만 아이들 편에서 부모님을 어떻게 이해하고 대화할 것인가를 다루는 책은 거의 없었어요. '자녀에게 다가가기 위해 어떻게 대화해야 하는가' 또는 '어떻게 하면 좋은 부모가 되는가'에 대한 책은 많이 있지만, 청소년 자녀 입장에서 부모님과 어떻게 대화해야 할까를 고민하는 책은 별로 없었어요. 왜 그럴까요? 부모님은 아이와 대화의 필요성을 느끼고 관계를 좋게 하고 싶어 하기 때문에 부모교육서를 찾지만, 아이들은 부모님과 대화 자체를 하고 싶어 하지 않는 건 아닐까요? (많은 청소년들이 부모님과 대화해도 남는 것도 없고, 기분만 나빠지고, 또는 도리어 약점이나 잡히거나, 부모님이 자신을 옭아맨다고 생각해서 대화를 하지 않고 피하려고 해요.) 또 혹시 아이들이 학원에 다니고 공부를 해야 하기 때문에 그런 책을 읽을 만한 시간이 없는 건 아닐까요? 하지만 멀리 볼 때 공부의 성공이나 인성의 완성을 위해서도 부모님과의 관계는 꼭 풀어야할 숙제랍니다.

부모님과 안 좋은 관계를 맺고 있는 사람은 인생을 행복하게 살기가 힘들어져요.

기본적인 말

청소년 상담을 해 보면 정말로 부모님과 기본적인 대화 자체가 제대로 되고 있지 않은 것을 보게 돼요. 매일 걱정하고 잔소리 하는 엄마, 고개와 등을 돌리고 들은 척 만 척하는 아이들, 친구에게 하는 간단한 고마움의 표현도 부모에게는 하지 않는 아이들이 너무 많아요. 매일 보는 사이니까 쑥스럽기도 하고, 평생 부모님이 해 주는 것들을 당연하다고 생각해왔기 때문에 새삼스럽게 고맙다는 표현이 어색할 수 있어요. 하지만 일해주고도 월급은 커녕 좋은 소리도 못 듣는 불행한 노동자가 바로 각 가정의 엄마가 아닐까 하는 생각이 들기도 해요. 매일 같이 엄마랑 싸우는 아이들도 어쩔 땐 엄마가 불쌍하다는 생각을 하게 된다고 해요.

생각과 태도를 바꾸다

이 책에서는 여러분의 고민과 부모님과의 갈등을 함께 살펴보고, 그 고민을 풀고 원활하게 대화하는 것에 대해 살펴볼 거예요. 부모님과 나누는 말이 달라지고 대화의 내용과 태도가 달라지려면, 무엇보다 내 생각이 바뀌어야 해요. 말은 생각과 태도에서 나오기 때문이에요. 그래서 먼저 생각과 태도를 바꿀 수 있도록 여러분의 고민을 다양한 관점에서 다시 살펴 볼 수 있도록 했어요.

속의 말이 밖으로 나온다

말을 잘 하려고 애를 쓰지만 진정성이 없고 어렵게 느껴지는 경우가 있다면, 밖의 말이 아니라 속의 말이 어떤지 살펴봐야 해요. 평상시에 혼자 자신에게 쓰는 말이 바로 '속의 말'이에요. 자신을 비하하거나 사랑하지 않고, 미운 말과 비난하는 말을 많이 하는 사람은 다른 사람을 대할 때에도 그런 말과 행동이 나온답니다. 어떤 경우는 아예 속의 말이 없는 경우가 있어요. 별로 자신을 돌보지 않거나, 자신과 소통하지 않는다는 뜻이에요. 그런 경우는 다른 사람들과도 말이 없어져요. 자, 이제 다른 사람과 대화를 잘하기 위해서 속의 말이 달라져야하는 이유를 알겠죠? 자신을 사랑하고 소중하게 여기며, 예뻐해야 한다는 사실을요.

내 인생을 살리는 말

요새는 대화법에 대한 관심이 높아지고 있어요. 사회성이 중요해진 시대가 되었고, 면접을 대비하거나 회사 업무를 위해서, 또 발표력을 높이기 위해서도 '말하기'에 대한 관심이 높아졌어요. 때문에 스피치를 따로 배우는 시대가 되었어요. 그만큼 다른 사람에게 자신을 표현하는 것이 중요하다는 것을 사람들이 깨닫고 있는 거죠. 말을 하는 데는 자신감과 감정이 매우 중요해요. 아무리 아름답고 좋은 목소리라해도 표정 없이 읊어 내려가는 것은 좋은 대화법이라고 볼 수가 없거든요. 그런 자신감은 어디에서 올까요? 바로 가족, 부모님과의 상호작용에서 온답니다. 자신의 뿌리와 부모님을 무시하거나 부끄러워하고 적대시하는 사람에게는 힘이 없어요. 부모님과의 대화법은 그래서 더욱 중요해요.

소중한 내 인생

진료실에서 털어놓는 아이들의 답답하고 아픈 사연을 듣고 있다보면 공감이 되고 이해가 되지만, 부모님에 대해 좋지 않은 감정을 품은 채 부모님 탓만 하기엔 인생이 너무나 아깝다는 생각이 들어요. 여러분은 소중하고, 여러분의 인생도 소중하기 때문에 그 어떤 난관도 여러분을 망칠 순 없어요. 오로지 자기 자신만이 자신을 망칠 수 있답니다. 그렇게 생각해 보면 부모님 탓은 작은 핑계에 불과하겠죠?

아이들 마음에는 부모님에 대한 사랑이 숨어 있다

저는 부모님과 좌충우돌하는 여러분의 마음에 부모님에 대한 깊은 사랑이 숨어 있다는 걸 알고 있어요. 부모님께 사랑받고 싶고 인정받고 싶은 마음과, 부모님을 기쁘게 해드리고 싶은 마음도요. 자꾸 화가 나는 건 그것 때문이기도 해요. 겉으로는 부모님과 싸우고 다투고 냉정한 척 하지만, 마음속으로는 부모님 걱정을 하며 슬퍼하는 마음이 숨어있으니까요. 하지만 그런 사랑이 적절히 자라나지 못하면 서로 분리가 안 되고 얽히고설켜서, 자신을 불행하게 만들고 부모님도 힘들게 만든답니다. 여러분은 "이제 전 다 컸단 말이에요!" 라는 말을 많이 하죠? 맞아요. 여러분은 거의 다 컸어요. 부모님에게만 의존하는 아기가 절대 아니죠.

이제 다 컸어요!

이 책은 여러분이 바로 그런 독립된 주체로서, 바로 내 인생의 주인공으로서 바로 서고, 부모님과 건강한 거리를 유지하면서 적절한 관계를 맺는 방법을 연습할 수 있도록 도와줄 거예요. 대화법 책이라고 하면 '어떤 말을 해야 할지 알려주는 건가?'라고 생각하는 사람들이 많을 거예요. 하지만 대화는 말의 '내용'이 아니고 '어떻게' 말을 하느냐가 더 중요하답니다.

예를 들어, '너를 좋아해'라는 말을 한다고 해 봅시다.

무표정과 축 처진 몸으로 이렇게 이야기하면 사랑의 감정이 전달되지 않겠죠? 밝은 표정과 활짝 웃는 얼굴, 그리고 밝은 숨이 들어가야 진심으로 이야기하는 것이 느껴져요. 그래서 부모님과의 대화법에도 항상 몸으로 말하기, 몸을 살리기, 숨을 살리기를 먼저 생각하는 것이 중요해요.

말보다 숨이 먼저

말하기도 싫고 입 열기도 싫다는 말 들어봤죠? 말할 필요성도 못 느끼고, 또 말하고 싶지도 않을 때 억지로 꺼내는 이야기들은 관계를 도리어 악화시켜요. 그리고 내 맘이 불안하고 편치 않을 때 시작한 말들은 서로에게 상처를 주고 싸움을 일으켜요. 올바른 대화법을 위해서는 무엇보다도 밝은 마음과, 다른 사람과 소통하려는 자세가 중요해요. 서로를 대하는 태도와 자세가 달라지면, 숨이 달라지고 에너지가 달라진답니다. 대화는 에너지예요. 어떤 말을 하느냐가 중요한 게 아니라 '어떻게' 말을 하느냐가 더 중요하다는 걸 이해하겠죠?

말은 에너지

같은 뜻을 가진 말을 해도 주변 에너지를 무겁게 가라앉히고 떨어뜨리는 말이 있고, 주변 공기를 살리고 기분을 살려주는 말이 있어요. 말을 많이 하지 않더라도 부모님과 여러분들의 관계를 원활하게 하고 행복하게 하는 간단한 대화법을 이 책에서는 함께 살펴볼 거예요. 가장 간단한 대화부터 좀 더 자세한 대화까지 다룰 거예요. 여러분이 하루 한 개씩 자기 것으로 만들어서 부모님과 함께 나눌 수 있다면 여러분은 놀라운 사람으로 변해 있을 거라고 확신해요. 부모님과 집에서 말을 제대로 하게 되면 여러분의 인생은 이미 성공했다고 봐도 된답니다.

내용보다 표정!

대화법에서 말의 내용은 7퍼센트 밖에 중요하지 않다고 해요. 말이 아닌 눈빛, 표정, 행동, 목소리 등이 더 중요합니다. 여러분이 좋은 대화를 하려고 할 때 말의 내용도 중요하지만 무엇보다 밝은 표정과 살아있는 숨, 자신감과 따뜻함이 중요하다는 것을 꼭 잊지 않았으면 해요. 그래서 이 책에서는 기존 대화법 책과 달리 말의 내용이나 생각 뿐 아니라 몸, 행동에 포인트를 두었어요. 그래서 머리를 많이 쓰지 않고 실전에 옮길 수 있는 단순한 것들을 다루고 있어요.

이제 청소년 여러분 편에서 마음을 다독거리고, '아이들 입장에서 이해하기 힘든 부모님을 어떻게 바라보고 이해할 것인가', 그리고 '내 마음을 어떻게 다독거리고 힘 있게 살아갈까?'를 여러분과 함께 생각해보려고 해요. 이 책을 읽는 여러분의 마음이 좀 편해지고, 부모님과 한편이 되어 잘 살아갈 수 있기를 바랍니다.

손성은

목차

◆ 머리말 ◆

PART
01

엄마는 나에 대해 아무 것도 몰라

- 부모의 몰이해, 공감 부족 -

날 사랑하지 않는 것 같아

- 부모의 무관심, 애정 결핍, 감정싸움 -

잔소리가 너무 심해

- 의견 대립, 간섭 -

PART 04

엄마는 뭐든 안 된다고만 해

- 부모의 반대, 강압적 태도 -

PART 05

엄마랑은 말이 안 통해

- 대화 부족, 소통의 어려움 -

PART 06

집에 가는 게 스트레스야

- 가정 환경, 부모의 불화 -

부모의 몰이해,
공감 부족

엄마는
나에 대해
아무 것도
몰라

친구가 없는데
엄마는 제 마음을 몰라요

아이의
속마음

저는 친구가 별로 없어요. 부끄러움을 많이 타고요. 엄마가 친구를 많이 만들어 주려고 노력을 하셨는데 잘 되지 않았어요. 저는 어릴 때 엄마가 친구들을 불러서 같이 놀라고 해도 자꾸 구석진 곳에 가서 책을 봤어요. 제 장난감을 아이들이 만지는 것도 너무 싫었구요. 아이들하고 있으면 불편하고 말이 나오지를 않아요. 지금도 친구가 없는 외톨이고 혼자서 밥을 먹곤 하는데 이런 제가 걱정이 많이 되나 봐요. 그런데 엄마가 자꾸 친구에 대해서 물어보고, 자꾸 밖에 나가서 활동하라고 하니까 부담스러워서 짜증을 내게 돼요. 안 되는 걸 어떡하라고요!　　　　- 중2 지민

부모의
속마음

애가 왜 그렇게 숫기가 없는지 정말 걱정돼요. 집밖에 나갔으면 좋겠는데 자꾸 방에만 틀어박히려고 하고. 밖으로 아이를 끌어내 보려고 잔소리를 하는데 힘드네요. 친구가 없어서 같이 놀 아이들도 없고. 사고를 쳐도 좋으니 제발 집 밖에 나갔으면 좋겠어요.

자, 그럼 터놓고 대화해 볼까요?

지민이가 수줍음이 많은 성격이군요. 친구들하고 어떻게 대화해야 할지도 막막하고요. 지민이같은 성격을 가진 사람은 많이 있어요. 내향적인 성격이 나쁜 것은 아니에요. 외향적인 사람, 내향적인 사람 모두 각자의 장점이 있으니까요. 내향적이면서 조용하지만, 사람들과 있을 때 편안하고 필요할 때 자기 목소리를 내는 힘이 있으면 되지요. 그런데 다른 사람들과 있을 때 너무 불편하고 힘이 든다면 더 편하게 있을 수 있도록 변할 필요가 있답니다. 세상은 혼자서 살아갈 수는 없기 때문에 다른 사람들과 만나고 접촉할 수밖에 없어요. 직업을 갖는 것도 그런 거고요. 그런데 그 과정이 너무 힘들고 싫다면 내 삶은 상당히 괴로워질 수 있거든요. 엄마가 걱정하는 것도 바로 그런 거겠죠?

◆ 왜 말이 안 나올까?

어릴 때 사회성이 늦게 발달하는 친구들은 주로 혼자 놀거나 친구들과 같이 놀 필요를 못 느끼는 경우도 많아요. 혼자 노는 것이 편하고 좋은데 굳이 다른 아이들과 놀면 신경 쓸 것도 많아지고, 예기치 않은 상황에도 대처해야 하니까 귀찮고 불편해서 자꾸 혼자 있으려고 해요. 그러다 보니 다른 아이들과 대화하며 노는 상호작용을 담당하는 뇌를 잘 쓰지 않게 되서, 대화를 연습하고 상호작용을 발달시킬 기회를 잃어버리는 거예요. 지금도 늦지 않았어요. 엄마의 잔소리가 부담스럽고 학교에서도 많이 불편하다면 조금씩 변화해 보는 것도 좋아요.

◆ 몸을 먼저 풀어 봐요!

말이 잘 나오지 않으면 몸이 숨 쉴 수 있도록 몸을 먼저 풀어 봐요. 내몸을 인식하고 소통하는 것부터 해 보도록 해요. '나와의 대화'가 없는 사람은 다른 사람과도 대화를 하기가 힘들어요. 나와의 대화에는 몸과의 대화도 있어요. 몸을 풀려면 일단 우리 몸을 인식하는 것이 필요해요. 손끝, 발끝, 호흡, 배, 등, 목 등 우리 몸을 제대로 느끼지 않고 아무렇게나 여기는 시간이 많아질수록, 점점 우리는 내면의 대화가 없어지게 돼요. 자기 몸과 주변에 대한 인식이 희미해지면 다른 사람과의 대화나 상호작용, 관계 맺기가 아주 어려워요. 베이스 캠프도, 나침반도 없이 바닷속으로 가라앉는 상황이 되는 거죠. 이제부터는 손끝부터 발끝까지 사랑스럽게 어루만지거나, 자신과의 대화를 한번 시작해 보세요.

◆ 나에게 하는 말을 긍정적으로 바꿔보세요

 고생했어, 힘들지?

잘했어! 이정도면 아주 잘한 거야, 충분히 잘했어.

다음에 더 잘하면 되지.

잘 할 수 있어, 넌 할 수 있어.

넌 아주 사랑스러워.

여러분은 자라면서 이런 긍정적인 말을 부모님이나 다른 사람에게 들은 적이 있을 거예요. 힘이 나고 좋은 말들을 여러분 것이 되게 하세요. 그리고 이런 말들이 내면에서 자주 나오도록 입버릇처럼 말해 보세요. 긍정적인 말이 내면화되고 습관이 된 사람은 다른 사람에게도 이런 말이 쉽게 나오고, 긍정적인 대화를 할 수 있답니다.

◆ 대화법은 관계 살리기, 사람 살리기다

우리는 서로 교류하면서 나누고 주고받지 않으면 행복할 수가 없어요. 그건 인간의 본능이기 때문이에요. 주고받지 않고 열심히 자기 공을 쌓아만 놓는 사람은 머지않아 스스로 건강하지 않은 것을 알게 돼요. 자기에게 공을 쌓아두기 보다 적절하고 균형 잡히게 공을 주고받는 것이 바로 인생에서 가장 중요한 일이라고 할 수 있어요. 사람과 교류하는 것에는 여러 가지 방법이 있어요. 언어적인 대화도 있지만, 언어가 아닌 (비언어성)상호작용, 전체적인 분위기, 몸짓 등이 더 중요하답니다. 그냥 바라만 보아도 기분이 좋은 상황에서는 대화가 없어도 이미 훈훈하고 행복한 것처럼요.

◆ 말이라는 공을 살리기

대화는 서로의 마음을 솔직하게 털어놓고 교류하면서 성장하는 과정이에요. 마주보며 공놀이 하는 것과 비슷해요. 어떻게 말해야할지 모르겠다면 공놀이를 한번 상상해 보도록 해요. 서로 교류하는 두 사람이 있고 거기에는 말과 몸의 언어, 사인이 오가요. 그런데 다른 사람이 말 공을 던져도 반응을 하지 않아서 말 공이 땅에 떨어져 버리면 대화라는 공놀이가 이어지지 못해요. 또 말을 하는 사람도 듣는 사람을 바라보고 말이 닿는 곳을 보면서 공을 던져야겠지요. 다른 사람이 듣고 다시 나에게 던져줄 말 공을 말이에요. 그 사람의 몸을 아프게 하거나 상처를 주는 공을 던지지 않아야하고, 상대방이 받을 수 없거나 손이 닿지 않게 멀리 던져서도 안 되고, 중간에 땅에 떨어져 버리는 공을 던져서도 안 되겠지요. 서로에게 공이 오갈수록 더 행복하고 신이 날 수 있는 공을 던진다고 상상해 봐요. 이제부터는 살리고! 살리고! 란 느낌이 들 수 있도록 말을 살려 봐요. 누구보다 부모님과의 관계에서 연습을 해 보기로 해요.

◆ 엄마한테 털어놓기

엄마가 자꾸 지민이 속도 모르고 친구 이야기를 하고 밖으로 나가라고하니까 마음이 불편하죠? 엄마는 누구보다도, 그리고 무엇보다도 지민이가 행복하기를 바라니까 지민이에게 그러시는 거예요. 또 친구들이랑 지내는 것이 어려운 걸 알기에 계속 걱정하고 바꾸려 하시는 거죠. 그런데 그럴 때 자녀들은 부담을 많이 느끼게 되죠. 왜냐면 아무에게도 말하고 싶지 않을 만큼 수치스럽게 생각하는 부분을 물어보는 게 싫어서이기도 하고, 또 한편으로 부모님을 걱정시키거나 실망시키고 싶지 않기 때문입니다.

하지만 용기를 조금 내보기로 해요. 엄마는 누구보다도 여러분의 편이랍니다.

◆ 엄마, 저에게 용기를 주세요

아무에게도 말을 하지 않고 살다보면 말을 하는 뇌가 작동하지 않아서 점점 더 말하기가 어려워진다고 했죠? 글을 읽고 쓰는 것도 좋지만 말하는 연습도 필요하답니다. 내 말을 잘 들어줄 만한 사람이 없다면 일단 엄마하고라도 솔직하게 말해 보는 것이 좋아요. 엄마의 걱정 어린 잔소리에 등을 돌리기보다, 부끄러워하지 말고 엄마에게 나의 상황을 이야기해 보는 거예요. 생각만 하기보다 다른 사람과 자신의 속이야기를 나누게 되면 의외로 마음이 편해지고 용기가 생긴답니다.

엄마, 친구들하고 있으면 자꾸 말이 안 나와요.

나도 이런 내가 좀 바보 같고 싫어요.

사실 어떻게 할지를 잘 몰라서 그러는 거예요.

책에서 읽었는데 이런 성격도 몸이 트이고 숨이 트이면 바꿀 수 있대요.

그래서 조금씩 노력해 보려고 해요.

앞으로 엄마하고도 더 많이 이야기해 볼게요.

저한테 용기를 주세요. 엄마.

◆ 몸 건강하게 가꾸기

힘없이 대화하는 사람을 본적이 있나요? 등이 굽고 목소리도 작은데다가, 웅얼거리고 눈도 잘 마주치지 않아 전달력이 없어요. 목과 얼굴은 긴장이 되어 있거나 표정이 없고요. 그러다보면 말이 더 기어들어가 버리겠죠? 지민이와 같은 성격을 가졌다면, 사회성을 키우기 위해 일단 몸부터 건강하게 만들어야 해요. 매일 아침 저녁으로 100미터씩 뛰는 것을 한번 해 봐요. 숨도 트이고 몸도 살아날 거예요. 그런 몸에 말 공을 실으면 훨씬 말이 잘 나오고 대화하기 편할 거예요. 몸의 에너지를 키워야 된다는 것을 기억하세요!

자꾸 몸이 아픈데
엄마는 나보고
꾀병이라고 해요

저는 자주 머리가 아프고 온몸이 무겁게 느껴져요. 눈도 흐리게 보일 때가 있고요. 자주 토하고 어지운 데다가 생리통도 너무 심해요. 처음에는 엄마도 제가 자꾸 아프니까 걱정을 많이 했는데, 여러 병원에 가서 여기저기 검사해 봐도 별 문제가 아니라고 하니 이제는 짜증을 내세요. 어떤 의사 선생님은 스트레스 때문에 그렇다고도 하는데, 엄마는 자꾸 제가 꾀병이래요. 공부하기 싫어서 생기는 병이라나요. 엄마가 저를 이해 못 해 주니 너무 속상하고 더 아픈 것 같아요.　　　　　　　　　　　－ 고2 현수

아이의
속마음

부모의
속마음

열심히 공부해도 시원찮을 때에 자꾸 여기저기 아프다고 하니 정말 죽을 맛이에요. 매일 컴퓨터 앞에 앉아서 게임이나 하고 그러니까 아픈 거죠, 뭐. 처음에는 걱정이 되더니 병원에서 다 이상이 없다는데도 아프다고 하니까 이제 믿을 수도 없네요. 공부하기 싫어서 자꾸 핑계를 대는 것 아닐까 싶어요.

자, 그럼 터놓고 대화해 볼까요?

많이 힘들죠? 현수처럼 원인 모를 통증이 있거나 몸이 아파서 고생하는 청소년들이 많아요. 공부 스트레스에 해야 할 일은 많은데 몸은 점점 약해지고, 정말 괴롭죠. 현수의 고통은 주변 사람들도 잘 이해하지 못할 거예요. 본인만이 가장 잘 알죠. 아프면 '아픈 사람만 손해'라는 말 들어봤죠? 엄마가 알아주건 몰라주건 간에 어서 빨리 건강해지는 게 제일 중요해요.

건강한 몸에 건강한 마음이 깃든다고 하죠? 몸이 아프면 자꾸 짜증이 나고 주변 사람들도 같이 괴로워져요. 또 '긴 병에 효자 없다'란 말도 있잖아요. 옆에서 아픈 사람의 시중을 드는 것은 다른 사람마저 우울하고 힘들게 만든답니다.

◆ 너무 힘들었어요

우리 몸과 마음은 스트레스 상황에 대해 평형을 이루면서 균형을 맞추고 살아가게 되어 있어요. 만약 우리 몸과 마음이 감당하지 못할 힘든 상황이 닥치면 병이 나게 되어 있답니다. 더 이상 견뎌내지 못하고 균형이 깨져서 아프게 되는 거죠. 그럴 때는 스트레스 상황에서 벗어나 쉬면서 몸을 회복해야 해요. 그 동안 너무 힘들게 무거운 짐을 지었던 몸을 회복시켜야지요. 하지만 자꾸 쉬기만 하고, 뒤로 물러만 날 수는 없겠죠? 어차피 우리는 힘을 내서 살아나가야 하니까요. 이렇게 아픈 것이 지나가고 나면 왜 아팠는지, 어디가 문제인지 곰곰이 생각하고 원인을 찾아서 몸을 튼튼하게 하는 작업을 평상시에 해 놓아야 해요.

◆ 에너지 비축

미리미리 에너지를 잘 비축해 놓는 거죠. 그래야 또 힘든 상황이 닥쳐도 우리는 무너지지 않고 잘 버텨내면서 즐겁게 생활할 수 있거든요. 우리 몸과 마음에 에너지를 만드는 방법에는 어떤 것이 있을까요? 우선 건강히 잘 먹어서 에너지원을 만들어야 해요. 그리고 숨을 건강히 잘 쉬는 것, 잠을 잘 자는 것, 그리고 적절하게 잘 움직이는 것이 중요해요. 몸에 힘이 되는 음식을 먹을 때 항상 감사히 먹도록 해요. 허겁지겁 먹거나, 과식하지 말고요.

◆ 숨통 트이기

그리고 숨통을 잘 트여 놓아야 해요. 정신적인 스트레스와 숨이 막히는 것은 항상 같이 온답니다. 숨통을 잘 트여 놓는 방법으로 달리기, 계단으로 걷기, 제자리에서 웃으면서 뛰기, 숫자를 붙여가면서 PT 체조하기 등을 권합니다. 시간도 얼마 걸리지 않고 우리 몸에 빠르게 에너지를 돌릴 수 있는 방법이에요. 그리고 무엇보다 잠을 잘 자는 것이 중요해요. 잠을 잘 때는 몸의 긴장이 풀리고 이완될 뿐 아니라, 뇌 속에서도 그동안 쌓아두었던 과도한 정보들을 열심히 처리하고 청소해 준답니다. 혹시 공부하느라, 또는 노느라 규칙적인 생활을 하지 못했는지 한번 살펴보도록 해요.

◆ 뱃심 기르기

앉아서 공부할 때나 일어나 걸을 때나, 무엇을 하든지 뱃속에 있는 중심이 잘 서 있어야 건강할 뿐 아니라 멋있게 보여요. 저는 여러분에게 여러 가지 방법으로 뱃심을 단련하는 것을 권하고 싶어요. 누워서 일자로 다리 들었다 놓기를 하루 10번씩만 해 볼까요? 윗몸일으키기를 10개 정도만 꾸준히 해도 달라져요. 몸이 아픈 것을 더 건강할 수 있도록 도와달라는 몸의 신호라고 생각하고 조금 더 노력해 봅시다. 작은 변화가 큰 변화를 만들어 낸답니다.

◆ 관심 받고 싶어요

현수가 일부러 아프거나 꾀병이 아니라는 걸 선생님은 알고 있어요. 그런데 이런 면도 한번 생각해 봐요. 어린 아이들 중에는 자꾸 아파서 다른 사람의 관심을 받기를 바라는 경우도 있어요. 무섭던 부모님이 아프다고 할 때 숙제도 줄여 주고, 야단치는 것도 일단 좀 덜 하는 걸 경험하고 나서는 자꾸 힘든 상황에서 아픈 걸 선택하게 돼요. 그런 무의식적인 선택이 몸을 정말 아프게 만드는 경우도 있어요. 그런데 처음에는 관심을 받을 수 있지만, 자꾸 칭얼대거나 짜증을 내고 아프다고 하면 나를 도와주던 사람도 같이 힘들어져요. 결국은 좋은 상호작용과 사랑을 받는 게 아니라 관계가 더 힘들어지게 되는 거죠. 행복하기 위해서 관심을 받기를 원했지만, 자신을 해치는 길을 선택해서 관심을 받다 보면 행복할 수 없어요.

◆ 건강해질래요

이렇게 몸이 안 좋으면 본인도 답답하고 걱정이 많지만, 엄마도 걱정이 많으실 거예요. 사실 자식이 아플 때 엄마 마음은 찢어진답니다. 엄마한테 자꾸 아프다고만 하지 말고, 조금씩 나아지는 부분을 자꾸 이야기하세요.

그렇게 조금씩 나아지는 부분을 이야기하려고 몸을 관찰하다보면 정말로 조금씩 좋아진답니다. 엄마만 보면 자꾸 인상을 쓰거나 여기저기 아프다고 이야기하기보다, 힘들겠지만 밝은 표정으로 이렇게 이야기해 볼까요?

엄마, 저도 건강해지고 싶어요.

그래서 조금씩 체력을 기를 거예요.

지금은 많이 힘들 때라서 엄마의 도움을 받지만

빨리 건강해지고 싶어요.

엄마가 저를 돌봐주시고 병원에도 데려다 주셔서

감사해요.

아픈 것을 빨리 나으려면 몸에 있는 정신 면역체계가 활성화되어야 하는 것을 알죠? 중병에 걸렸어도 긍정적으로 생각하고 좋아지고 싶은 바람이 있으면 더 빨리 건강해진다는 말이랍니다. 자꾸 이런 마음가짐으로 말하다보면 아픈 것도 더 빨리 낫게 될 거예요.

이 책을 읽는 친구들 중에서도 몸이 아픈 친구들이 있다면 어서 힘내고 빨리 건강해집시다. 저도 마음속으로 기도할게요.

활기차고 재미있게 잘 살기!

머리말에서 제가 여러분에게 말한 '우리의 목표' 기억하나요? "건강하고 행복하게 잘 살기!"와 "활기차고 재미있게 잘 살기!" 말이에요. 뱃심을 튼튼하게 하고 숨도 시원하게 잘 쉬고, 목소리도 맑고 우렁차다면 얼마나 활기찰까요? 목표달성을 위해서는 '건강한 몸'이 필수라는 것을 잊지 말고, 몸을 깨우는 체조와 스트레칭부터 시작해 보세요. 잠깐 책을 덮고 일어나 볼까요? 우리에게 몸을 주신 부모님께 감사하면서 머리끝부터 발끝까지 쭉쭉 몸을 풀고, 숨을 크게 들이마셨다 내쉬어 봐요!

모든 게 다
엄마 탓인 것 같아요

학원 끝나고 엄마가 데리러 오기를 기다리고 있었어요. 그런데 다른 아이들이 하나둘 떠나갔는데도 엄마가 안 오잖아요. 날도 추운데 무슨 일이 일어난 건 아닌지 걱정도 되고, 자꾸 짜증이 났어요. 또 시간이 늦었는데 주변에 이상한 아저씨들도 돌아다니는 것 같아서 무서웠고요. 15분이나 지나서 엄마가 드디어 오긴 왔어요. 반갑기도 했지만 차에 타자마자 막 이렇게 화를 내게 되더라고요.

"엄마 왜 늦게 왔어! 왜 이렇게 늦었냐고. 제때 와야지. 엄만 진짜 맨날 시간도 안 지키고." 그 전에도 엄마가 늦게 데리러 온 적이 있었거든요. 엄마가 미안하다고 하는데도 화가 안 풀려 짜증을 부렸는데, 나중엔 도리어 엄마가 화를 막 내더라고요.

"너도 시간 안 지킨 적 많잖아. 엄마가 미안하다고 하는데도 진짜 너무하네!"

이러면서요. 내 참, 기가 막혀서.   - 중1 라온

아이의
속마음

부모의
속마음

제 시간을 아이들한테 거의 쓰는 편이에요. 애가 셋이다 보니까 먹이고 입히고 태워다 주고 하는 것이 만만치 않네요. 제 나름대로는 시간을 쪼개서 열심히 살지만 가끔 늦을 때가 있어요. 춥게 있을 큰 아이 생각에 허겁지겁 열심히 차를 몰고 갔는데 좀 늦었어요. 그런데 에고, 애가 무슨 짜증을 그리 부리는지. 미안하다고 하는데도 막무가내인데, 회사 상사도 그렇게 닦달은 안 하겠네요. 자꾸 애가 버릇이 없어지고 자기 위주인 것 같아서 속이 상해요.

자, 그럼 터놓고 대화해 볼까요?

라온이처럼 엄마를 기다리다가 싸우게 되는 경우가 많이 있죠? 사소한 일이지만 자주 일어나는 작은 일이 쌓여서 큰일이 되니까, 여러분도 같이 한번 생각해 보면 좋을 것 같아요.

◆ 과장해서 말하지 않기

> 엄마는 왜 항상 ~해?

> 엄마는 맨날 그러잖아.

> 한 번도 엄마는 ~한 적이 없잖아.

이런 말을 자주 쓰는 친구들이 있죠? 다른 사람을 비난할 때 그 사람의 잘못된 행동이 마치 항상 일어났고 전부 그런 것처럼 공격하는 말이에요. 한 가지 잘못을 가지고 그 사람의 전체적인 인격이나 성격을 비난하는 말들은 상황을 지나치게 일반화하고 과장하는 말이에요. 라온이도 화가 나서 엄마를 비난하고 마지막에는 엄마 행동을 일반화하고 과장해서 '항상 약속을 안 지키는 엄마'로 매도 하고 있어요. 이런 말을 많이 쓰는 사람은 부정적인 사고를 하게 되고, 또 다른 사람의 잘못을 받아들이지 못하며 나쁘게 평가하는 뇌회로가 활성화된답니다. 우리 이제 과장해서 부정적으로 말하는 습관은 버리기로 해요.

◆ 엄마, 걱정했어요.

사실 라온이는 엄마가 늦게 오니까 별 생각이 다 들었을 거예요. 혹시 엄마가 급하게 오다가 교통사고라도 난 건 아닌지, 엄마가 아픈 건 아닌지, 왜 연락이 안 되는지 등등 갖가지 생각을 하면서 걱정이 되고 마음이 불안했을 거예요. 그래서 엄마를 보니까 긴장이 풀리면서 불안한 마음을 화로 쏟아 내는 겁니다.

아이를 잃어버렸을 때 애타게 울면서 찾던 엄마가 막상 아이를 만났을 때 혼을 내는 경우가 있지요? 정말 걱정하고 그리워했지만 막상 만나게 되니 마음과 다른 표현을 하게 되는 경우예요. 가뜩이나 긴장하고 불안하던 아이는 울음을 터뜨리게 되겠지요. 라온이가 자기 마음을 표현하지 않으면 엄마도 라온이 마음을 잘 이해하기가 어려워요. 이제 엄마를 비난하기보다 '엄마, 걱정했어요!' 라고 첫마디를 꺼내 봐요. 또 라온이가 무서웠다면 '엄마, 무서웠어요'라고도 얘기해 봐요.

◆ 엄마 입장에서 생각해 보기

얼마나 엄마를 좋아하고, 고맙고, 또 걱정했는지 이야기할 수 있는 사람이 되었으면 합니다. 솔직하게 나의 감정을 인정하고 표현할 수 있는 용기를 내어야 해요. 그리고 화가 날 때, 상대방의 입장에서 꼭 한번 생각해 봅시다. 엄마는 라온이 말고도 동생 둘을 돌보고 계시죠? 일도 하시고, 아이들도 챙기며 정말 바쁜 시간을 보내고 있죠. 동생들은 아직 엄마 손이 많이 갈 때고요. 가족들에게 자신의 에너지와 시간을 쏟는 엄마에 대해 한번 생각해 보고 감사한 마음을 갖게 되면, 엄마를 그렇게 몰아붙이지는 않을 거예요.

◆ I message, 나 전달법

위에서 라온이는 엄마한테 짜증을 내고 엄마 탓을 했어요. 자기 표현(나 전달법)을 하지 않고 주로 '너 전달법'으로 상대방에 대한 비난을 하는 거죠. 이렇게 표현할 때 상대방은 마음이 상할 뿐 아니라, 당황해서 도리어 공격적으로 맞받아칠 수도 있어요.

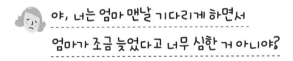

야, 너는 엄마 맨날 기다리게 하면서
엄마가 조금 늦었다고 너무 심한 거 아니야?

라온이의 엄마도 도리어 화를 내셨죠? 지금까지는 주로 엄마 잘

못을 들추고 공격하는 말을 했었다면 이렇게 바꿔 봐요. 너 전달법(you message)이 아니라 나 전달법(I message)을 연습해 볼까요?

엄마, 기다리는데 엄마가 안와서 걱정이 많이 됐어요.

다른 애들이 다 떠나고 나만 남으니까 좀 창피하기도 했고요.

옆에 이상한 아저씨들이 왔다갔다해서 무서웠어요.

이렇게 말하면 엄마는 왜 라온이가 이렇게 화가 났는지 금방 이해하고 소통하게 될 거예요. 다른 사람과의 관계도 마찬가지입니다. 남 탓을 하기보다 내 상황을 일단 인식하고 그것에 대해 표현하면 상대방도 자기 잘못을 수긍하기 쉬워집니다.

◆ 엄마와 분리하기

여러분들이 부모님을 함부로 대하는 이유 중 하나는, 부모님을 타인으로 인식하지 못하기 때문이에요. 다른 사람에 대해서는 조심하면서도 부모님은 한없이 나를 받아주거나 함부로 대해도 되는, 나를 위해 희생하고 돌봐주는 사람으로 느끼기도 해요. 엄마도 딸이었고, 아빠도 누군가의 아들이었어요. 모두 다 귀하고 자기 생각과 감정이 있는 사람이랍니다.

여러분들이 부모님을 자신과 분리하여 바라보게 되면, 부모님의 입장에서 생각해 보고 느껴보기도 가능할 거예요. '역지사지'란 말 알고 있죠? 다른 사람과 대화한다는 것은 바로 다른 사람의 입장에서 생각해 보고 느껴보는 걸 말한답니다.

외모 때문에 고민인데
엄마는 신경도 안 써요

저는 제 얼굴이 비대칭이라고 생각하거든요. 얼굴이 삐뚤어지는 것 같아서 자꾸 거울을 들여다보게 되고, 엄마한테 내 얼굴이 이상한지 안 이상한지 물어보고 확인하게 돼요. 친구들한테 물어보면 이상하게 생각할 테니까 엄마 밖에 말할 사람이 없잖아요. 그런데 엄마는 처음에는 대답을 좀 해 주다가 이제는 건성으로 그냥 괜찮다고 해요. 나중에는 아무 문제없는데 자꾸 저보고 문제를 만든다고 화를 내세요.
엄마가 안 믿어 주니까 얼마나 문제가 있는지 자꾸 더 거울을 보게 되고, 엄마를 설득하고 싶어요. 공부도 해야 되는데 저도 이러는 제가 너무 짜증나요.　　　　　　　　　　　　 - 중3 채영

**아이의
속마음**

**부모의
속마음**

멀쩡한 얼굴을 가지고 왜 그렇게 난리인지 정말 모르겠어요. 아주 예쁜 얼굴은 아니지만 그래도 절 닮아서 괜찮은 얼굴이거든요. 하하. 그런데 물어볼 때 대답해 주는 것도 한두 번이지, 아무리 괜찮다고 해도 믿지도 않고 이젠 화가 막 나요. 또 시작이네 하면서. 정말 속이 상하네요.

자, 그럼 터놓고 대화해 볼까요?

◆ 예뻐지고 싶다

아, 채영이 마음을 알 것 같아요. 청소년기에는 자기 외모에 대해 불안감을 갖고 괴로워하는 친구들이 정말 많거든요. 예뻐지고 싶고 아름다워지고 싶지만, 마치 병아리 깃털을 벗고 다 큰 닭이 되는 과정처럼 엉성하고 불안정한 게 바로 청소년기이기도 하거든요. 사춘기 아이들은 자기만의 자아 정체성을 형성해 가는 시기라 불안정합니다. 외모도 한참 변하는 과정이다 보니, 자기 자신에 대한 믿음이 흔들리거나 자신감이 떨어지고 열등감에 시달리기도 해요. 그럴 때는 지나치게 외모에 집착을 하곤 하죠.

사실 채영이가 바라는 것은 얼굴의 균형이 잘 맞고 예쁘고 싶은 거잖아요? 그렇지 않을까봐 겁이 나는 거고요. 그럼 어떻게 하면 바른 얼굴을 가지고 예뻐질까를 함께 생각해 봐요.

◆ 밉다, 밉다

많이 괴롭지만 엄마가 알아주지 않으니 더 속이 상하죠? 자꾸 거울을 들여다봐도, 엄마한테 계속 물어보고 확인을 해 봐도 불안한 건 스스로 자기 외모에 대한 자신감과 확신이 없어서예요. 그래서 다른 사람이 괜찮다고 해도 믿어지지 않아서 자꾸 반복적으로 확인하려고 하죠. 예뻐지려면 결국 스스로 건강하게 균형을 맞춰가는 걸 배워야만 해요. 잦은 성형수술로 점점 더 자신을 망치는 사람들도 심리적으로 불안정한 경우가 많아요. 예쁜 얼굴을 가지고도 자신감 없이 사는 사람도 많고요.

이상하다, 이상하다, 밉다, 밉다하면서 자꾸 쳐다보면 돌덩어리도 다르게 보입니다. 채영이가 가장 원하는 것은 예뻐지는 것이니까, 어떻게든 예뻐질 수 있도록 작전을 짜 봅시다.

◆ 바른 자세

설사 얼굴이 조금 비뚤어진 게 사실이라 하더라도 지금부터 노력해서 얼굴을 바르게 맞춰야 해요. 혹시 채영이의 자세는 어떤지 한번 살펴보아요. 목이 앞으로 나와 있는 거북목은 아닌지, 등이 굽어 있지는 않은지요. 얼굴이 있는 두개골은 척추에 올려져 있어요. 척추와 두개골이 바르게 정돈되어 있지 않다면 얼굴이나 턱이 삐뚤어지기도 쉬워요. 두개골에 있는 턱관절은 끊임없이 움직이는 구조예요. 때문에 바른 자세와 바르게 씹는 식사 습관이 갖추어지지 않으면, 잘못된 정보를 치아와 턱관절에 주게 되어 얼굴이 불균형이 올수 있어요. 그래서 만약 불균형이 있다면 더더욱 바른 자세로 생활하고, 주기적으로 얼굴 근육과 목 근육을 풀어주어야 해요. 척추가 바르게 되도록 머리와 등, 발뒤꿈치를 벽에 대고 서는 것을 연습해 봐요. 처음에는 어색하지만 점차 등이 펴지는 걸 느낄 수 있어요.

바른 자세를 뇌가 인식하고 편안해 할 수 있도록 자주 해 주세요. 옆을 쳐다 볼 때도 거북목이 되지 않도록 천천히 목 근육을 늘려주는 스트레칭을 해 봐요. 거울만 바라보고 고민하기보다 몸을 움직여 균형을 찾아가 봅시다.

◆ 얼굴이 굳어져서

우울증에 걸린 사람들을 만나보면 실제로 얼굴 근육을 오랫동안 쓰지 않아 굳어져 있는 경우가 많아요. 웃으려고 해도 어색하기만 하고요. 얼굴의 균형은 턱관절과 혀, 그리고 얼굴 근육이 만들어 낸다고 해도 과언이 아니에요. 웬만한 비대칭도 이 두 개가 균형 있게 잘 조절이 되면 고쳐질 수 있답니다. 저는 내원하는 청소년들과 가끔 진료실에서 얼굴 스트레칭과 혀 운동을 함께 하곤 해요. 혀는 머리에 있는 중심 추 같은 근육이라고 봐도 돼요. 그만큼 혀를 바르게 잘 정돈하고 움직이는 것이 중요하거든요.

◆ 활짝 웃는 연습

활짝 웃으며 운동하는 것도 당연히 중요하고요. 많이 비틀어져 있는 얼굴의 균형도 잡는 치료법이니까 하루에 조금씩만 해도 아주 효과적일 거예요. 그렇게 생활하다보면 어느새 미운오리새끼처럼 보였던 자신의 외모가 눈부신 흰털로 뒤덮인 우아한 백조가 되어 있는 걸 발견하게 될 거예요. 이렇게 여쭤보세요.

◆ 엄마, 저 예쁘죠?

엄마는 여러분을 돕는 사람이에요. "엄마, 저 이상하지 않아요?" 라고 자꾸 묻기보다 이렇게 여쭤보세요.

 엄마, 저 예쁘죠?

 엄마, 저는 어디가 예뻐요?

예쁜 곳을 찾고 바라보기에도 시간은 모자라요. 남들이 나를 예쁘게 봐주기를 바라는 만큼 내 자신을 사랑스럽게 보는 것을 잊지 말아요. 그리고 내 외모만 신경 쓰지 말고 엄마에게도 예쁜 모습을 찾아주고 칭찬도 해 주세요. 내 문제에만 빠져 있는 사람은 다른 사람을 돌아볼 여력이 없고, 그래서 내 자신을 더 닫아버리고 밉게 만드니까요.

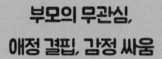

부모의 무관심,
애정 결핍, 감정 싸움

◆ PART 02 ◆

날
사랑하지
않는 것
같아

틈만 나면
동생이랑 비교해요

동생이 얄미워요. 뭐든지 욕심이 많아서 열심히 하고 저보다 공부를 잘해요. 걔는 악착같이 뭐든 잘 챙기고, 애교도 많고 인사성이 좋아요. 저는 어릴 때부터 좀 시무룩하고 감정표현도 잘 안하는 편이구요. 그런 동생이 부럽기도 한데, 난 그런 게 잘 안 되는 걸 어떡해요. 자꾸 퉁명스럽게 말이 나와요. 제 마음은 그게 아닌데도요. 동생 학교 선생님이 '주은이는 나무랄 데가 없는 애'라고 했다나요. 집에 와서 뿌듯해 하는 엄마를 보니까 제가 더 초라하게 느껴졌어요. 자꾸 동생은 칭찬할 일만 많이 생기고, 저는 야단맞을 일만 많이 생기니 기분이 안 좋아요. 한번은 엄마가 동생이 있는 자리에서 '동생만도 못해. 동생 좀 보고 배워'고 말을 해서 너무 자존심이 상했어요. 자꾸 '더 삐뚤어질 테야'라는 마음이 들어요.　　　　　　　　　　　　　　　　　　　- 고1 소은

아이의
속마음

부모의
속마음

뭐든지 큰애라 더 관심을 가지고 챙겼는데 왜 이렇게 자기 관리가 안 되는지 모르겠어요.
어릴 때 친구들에게 치이던 제 모습을 보는 것 같아 자꾸 화가 나고요. 안 그래야지, 하면서도 아이에게 자꾸 잔소리를 하고 야단을 치게 되네요. 그런데 점점 하는 짓이 유치해지고 반항을 하지 뭐예요.

자, 그럼 터놓고 대화해 볼까요?

아유, 소은이가 많이 속상하겠어요. 부모님이 나보다 다른 형제를 사랑한다고 생각할 때 마음이 외롭고 힘들지요. 그러다 보니 속상한 마음에 더 삐뚤어진 말과 행동을 하게 되죠? 그런데 그렇게 삐딱하게 행동하면 상황만 더 악화돼요. 부모님의 잔소리와 한숨, 야단이 반복될 거구요. 소은이가 정말 원하는 것은 행복해지는 거잖아요. 이제 조금 더 용기를 내서 건강하고 행복한 삶을 살 수 있도록 한 걸음 내딛어 보기로 해요.

◆ **나는 츤데레**

소은이의 새침하고 퉁명스러운 모습의 이면에서 부끄러움을 타지만 사랑받고 싶어하는 마음을 읽을 수 있어요. 만약 다른 사람에게 사랑받고 인정받는 걸 원한다면 다른 방법으로 나를 표현할 수 있는 용기가 필요해요. 여러 가지 표현방법을 쓸 수 있고 융통성이 있을수록 몸과 마음이 건강합니다. 때로는 애교 있게, 때로는 깔끔하게, 때로는 발랄하게, 때로는 수줍게 말이죠. 다른 방법을 쓰고 싶어도 잘 되지 않아 한 가지 방법밖에 모르고 또 표정도 한가지 밖에 없다면 그만큼 아직 덜 건강하다는 뜻입니다. 다양한 방법으로 자신을 표현하는 방법을 익히게 되길 바랄게요.

◆ 두려움을 이기고 용기 내보기

많은 사람들이 정말 자기가 원하는 것이 있으면서도 차마 그걸 말로 하지 못해요. 부끄럽고 수치스럽게 생각해요. 다른 사람이 알면 자기를 비웃거나 무시하고 놀릴 것만 같고, 창피당할 것이 두렵기 때문이죠. 그러나 그렇지 않아요. 소은이가 생각하는 그 기분과 감정은 사람이 살아가면서 누구나 느끼게 되는 감정이에요. 누구나 알고 있는 그 감정을 솔직하고 진실하게 표현하는 사람은 한층 더 성장합니다. 감정을 감추려고만 하지 않고 표현하며 툭툭 털고 일어서는 능력을 키우세요. 그럴 때 소은이는 크게 성장하고 더욱 매력이 넘치게 됩니다. 다른 사람들로부터도 존경받고 사랑받게 될 거예요.

◆ 삐뚤어질테야

소은이의 삐뚤어지고 싶다는 말에 선생님은 귀여워서 한참 웃었네요. 〈삐딱하게〉라는 노래도 있지요. 인생은 직선도, 곡선도 함께 섞여 있어요. 삐뚤어지면서도 앞으로 나아가는 거니 선생님은 나쁘지 않다고 봐요. 하지만 너무 멀리 가기 전에 균형을 잡고 돌아와야 한답니다. 삐뚤어질 때는 힘이 나는 것 같이 느껴지지만, 그건 가짜 힘이거든요. 결국은 다른 사람과 자기 자신을 힘들게 한답니다. 건강과 행복을 위해서 어떤 길로 가야할지, 내 몸과 마음의 안테나를 활짝 펴서 결정하도록 해요.

◆ 활력 점수

저는 가끔 진료실에 오는 친구들이나 만나는 사람에게 물어봐요. "정말 힘들고 고통스러워서 살 수가 없을 정도로 괴로운 상태를 -10이라고 하고, 별로 나쁘지도 좋지도 않은, 그저 그런 상태를 0, 너무나 기쁘고 좋고 행복해서 인생 최고의 순간이라고 할 수 있을 만큼 좋은 상태를 +10이라고 한다면 지금 나는 몇 점인지 점수를 매겨 보세요." 라고요. 여러분도 한번 생각해 봐요. 내가 몇 점에서 몇 점 사이를 왔다 갔다 하면서 사는 사람인지 말이에요. 오랫동안 마이너스 상태에서 산 사람은 0만 되어도 좋겠다고 생각할지 몰라요. 그래서 마이너스가 아닌 것에 인생의 목표를 삼게 되죠.

◆ 더 힘차고 건강하게

하지만 그렇게 마이너스로만 내려가지 않았으면 좋겠다고 생각하는 사람과, 항상 더욱더 플러스로 가려고 하며 플러스 점수로 사는 사람은 삶의 질이 완전히 달라요. 저는 여러분이 이제 자신의 활력점수를 +7정도로 정해놓고 사는 사람이 되었으면 해요. 누구의 인생에나 힘든 일이 있다는 것, 알고 있죠? 하지만 플러스 활력 점수로 사는 사람은 인생에 힘든 일이 오면 +2나 +3정도로 내려가더라도 버티고 이겨낼 수 있어요.

◆ 살리기 vs 죽이기

저는 여러분이 '살리는 사람'이 되기를 바랍니다. 뭐든 살려내는 사람이 있어요. 일도 맡기면 살리고, 그 사람이 가면 어디서나 주변 기운까지 밝아지는 그런 사람이요. 플러스 사람은 어딜 가나 분위기도, 자신도, 다른 사람도 살려요. 하지만 마이너스 사람은 분위기를 가라앉게 하고 자신의 에너지도, 다른 사람의 에너지도 죽인답니다. 플러스 사람이 되는 첫 단계는 바로 자신의 결단이에요. 마이너스로 살지 않고 플러스로 살겠다는 결심 말이에요.

◆ 나는 '플러스 사람'

사람들마다 자신에 대한 이미지가 있어요. 여러분도 한번 생각해 봐요. 밝게 웃는 표정에 다른 사람들과 즐겁게 이야기하고 있는 이미지를 가지고 살아가는 사람도 있을 거고, 무표정에 외롭게 혼자 서 있는 이미지를 가진 사람도 있을 거예요. 우리가 함께 할 일은 바로 우리 자신의 기본 이미지를 플러스 사람으로 바꾸는 거예요. 그리고 함께 즐겁게 사는 이미지를, 살리는 이미지를 바라보도록 해요. 그런 이미지를 앞머리에 띄우고 사는 사람은 눈빛이 빛나고 생기가 돌아요.

◆ 삐딱하게 말하기

나도 모르게, 혹은 의도적으로 말을 삐딱하게 하지는 않나요?

괜히 퉁명스럽게 이야기하고 상대방의 마음을 긁으려 하기도 해요. 공격하고 기분 나쁘게 하려는 이런 마음은 부모님을 향해서도 자주 나오죠? 이런 표현은 바로 '마이너스 사람'이 하는 표현이에요. 자신의 뜻을 전달하기 위해서 부정적인 방법을 사용하죠. 당장은 주의를 끌고 관심을 받을지는 모르지만, 관계는 악화되고 상대방은 나를 점점 부담스럽게 여기거나 싫어하게 되는 지름길입니다. 여러분 중에도 일부러 부모님께 말을 퉁명스럽게 하곤 하는 사람들이 있을 거예요. 그런 식으로 화났다고 티내거나 관계를 단절하려고 하는 거죠. 자, 이제부터는 여러분이 '플러스 사람'이라는 걸 항상 기억해요! 그리고 여러분에게 어울리는 말과 행동을 해 보도록 해요.

◆ 동생이라는 녀석

동생은 얄밉기도 하고 예쁘기도 해요. 소은이처럼 동생에게 사랑을 뺏겼다고 속상해하는 형제가 많지요.

형제들은 부모님의 사랑을 두고 경쟁하면서 서로 싸우기도 하고 미워하기도 해요. 하지만 형제간에는 강처럼 깊은 사랑이 자기도 모르게 흐르고 있답니다. 한 뿌리에서 자라난 나뭇가지와도 같아요. 같은 나무에서 나오는 생명의 물이 흐르고 있거든요. 집에서 싸우고 나왔어도 길거리에서 내가 곤란한 상황에 빠지면 선뜻 달려와 도와줄 수 있는 사람도 바로 형제랍니다. 동생이 미울 때도 많겠지만 우리가 가족이고 같은 편이라는 걸 잊지 말아요. 부모님이 만들어준 큰 선물이 바로 동생이란 걸 생각해 보세요.

◆ 정말 하고 싶은 말하기

이제 엄마한테 짜증을 내지 말고 이렇게 한번 이야기해 보세요.

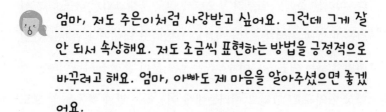

엄마, 저도 주은이처럼 사랑받고 싶어요. 그런데 그게 잘 안 되서 속상해요. 저도 조금씩 표현하는 방법을 긍정적으로 바꾸려고 해요. 엄마, 아빠도 제 마음을 알아주셨으면 좋겠어요.

내가 가장 바라는 것, 그러나 입 밖에 내기 부끄러운 말을 할 수 있게 된다면, 인생을 살아가면서 무엇이든 할 수 있는 용기를 얻게 될 거예요.

엄마가 너무
무관심해요

고등학생인데 엄마가 저한테 너무 무관심한 것 같아요. 수험생이 있으면 아이들 위주로 집이 돌아간다고 하는데, 우리 엄마는 좀 이상한 것 같아요. 다른 집 엄마는 학교나 학원도 차로 태워다주고 하는데 우리 엄마는 아침에 깨워주지도 않고, 학교에 늦어도 그냥 걸어가라고 하고, 시험 때에도 세상에 설거지를 하라고 해요. 학원도 성실하게 안 나가면 그냥 등록을 안 해줘요. 엄마가 나한테 너무 신경을 안 쓰는 것 같아 서운해요. 엄마한테 서운하다고 아무리 뭐라 해도 끄떡도 안하세요.　　　　　－ 고1 현민

아이의
속마음

부모의
속마음

아이들이 집집마다 상전이라는데 저는 그렇게 애들에게 쩔쩔매는 게 문제가 있다고 봐요. 원래 아이를 갖지 않으려 했던 것도 제 생활이 너무 침해 받고 자유롭지 못할 것 같아서였어요. 아이가 스스로 인생을 책임져야하는 것 아닌가요? 노후 대책이란 것도 필요하고요. 아이가 부모를 책임져 주는 시대도 아니고. 자식 잘 되기를 바라는 마음이야 저도 당연히 있죠. 하지만 무엇보다 아이가 독립적으로 크는 게 결국 아이를 위해서 중요하다고 봐요.

자, 그럼 터놓고 대화해 볼까요?

하하, 현민이가 많이 서운하군요. 정말 이상한 엄마네요? 그런데 왜 선생님은 엄마가 훌륭하게 느껴질까요? 현민이 말대로 많은 엄마들이 아이를 위해 인생을 바치다시피 해요. 그게 부모에게 만족감과 행복감을 주기 때문이기도 하고, 마치 아이의 성공이 자신의 성공인 것처럼 대리만족을 느끼고 싶은 부모의 욕심이 들어가 있기도 해요. 사실 많은 아이들이 지나친 부모의 간섭과 교육열 때문에 고민하는 것에 비하면, 현민이는 행복한 고민을 하고 있는 것일 지도 몰라요.

◆ 충분히 받다

현민이의 이야기를 가만히 들으니까 한편으로는 아기 같은 면이 있다는 걸 알 수 있어요. 아직 충분하지 않은데, 부모님이 나를 더 도와줘야하는데 그렇지 않다는 불만을 갖고 있죠. 하지만 사실은 그렇지 않답니다. 이미 몸도 엄마보다 더 크죠? 아는 것도 많구요. 이만큼 클 때까지 엄마가 먹이고, 입히고 도와주셨지만 지금은 혼자서 많은 것을 할 수 있어요. 부족하다는 생각을 버립시다. 현민이는 온전하고 충분한 사람이에요.

◆ 뇌 깨우기

다른 아이들처럼 차를 타고 다니면 편할 것 같죠? 절대 그렇지 않아요. 몸을 적절하게 움직여야 에너지가 생긴다는 것을 잊지 마세요. 많은 청소년들이 공부하고 싶지만 체력적인 문제에 부딪혀 힘들어 하는 경우가 정말 많아요. 청소년들의 집중력 문제, 사회성, 불안, 우울 등 심리적인 문제도 충분히 걷지 않거나 몸을 쓰지 않고, 운동하지 않는 것과 관련이 있답니다. 우리 몸에 있는 수많은 근육과 인대, 관절에는 무수히 많은 '고유수용성 감각기관'이 있어요. 몸을 움직일 때마다 이런 감각기관이 자극되어 뇌로 신호를 보내 우리 몸을 더 깨어 있고 건강하게 만든답니다. 자꾸 편안한 생활을 추구하다보면 여러분의 몸은 점점 잠을 자기 시작해요. 둔해지고 민첩해지지 않아요. 숨이 작아지고 힘이 들 때 버티는 힘도 줄어들어요. 결정적으로 힘을 써야하는 곳에서 힘을 낼 수 없답니다. 그런 의미로, 엄마가 현민이를 당장 도와주지 않는 것은 장기적으로 봤을 때 스스로 걷고 뛰게 해서 현민이를 건강하게 돕는 거랍니다. 귀찮고 하기 싫다고만 생각하지 말고 적극적이고도 감사한 마음으로 이런 상황을 받아들여 보세요.

◆ 혼자서 걷다

저는 청소년들에게 힘들고 지치거나 마음이 복잡할 때마다 혼자서 걸어보라고 이야기해요. 고민이 많았지만, 자고 일어나거나 많이 걷기만 해도 복잡한 생각이 저절로 정리되는 경우를 경험해 본적이 있죠? 바로 잠잘 때는 안구가 좌우로 움직여지며 운동을 하고, 걸을 때는 좌우의 몸을 자연스럽게 자극하면서 뇌의 정보 통합을 도와주기 때문이랍니다. 게다가 배에서 중심을 단단히 잡고 숨까지 트일 수 있는 간단한 달리기는 수험생에게 더할 나위 없이 좋아요.

◆ 스스로 치유하는 능력

제가 많이 쓰는 심리치료 기법인 EMDR(Eye Movement Desensitization & Reprocessing: 안구운동 탈감각 재처리)기법도 이런 원리에 근거한 치료법이랍니다. 일상생활에서 자연스럽게 몸이 스스로 치료하는 (자고, 걷고, 움직이는)활동이 없으면 우리의 몸과 마음의 건강도 급격히 악화됩니다. 더군다나 현민이는 수험생이기 때문에 더욱이 몸을 쓰는 일이 필요하죠. 스스로를 건강하게 하고 회복하는 방법을 몸에 익힌 사람들은 좋은 에너지를 몸과 마음속에 축적해서 강한 힘을 갖고 잘 살 수 있답니다.

◆ 집안일로 뇌 운동을

저는 의자에 앉아 있는 시간이 많은 사람일수록 일부러 틈틈이 계단을 이용하라고 조언을 해줘요. 자꾸 계단으로 걷다보면 10층

정도도 가뿐히 계단으로 올라갈 수 있어요. 사서 고생이 아니라, 사서 뇌 운동을 시키는 거예요. 설거지 같은 집안일도 마찬가지예요. 간단한 설거지라도 거기엔 뇌와 몸에 도움이 되는 작업들이 많이 들어있어요. 그렇게 집안일을 몸으로 하는 것은 손의 감각도 일깨워주고, 현민이를 더 살아있게 합니다. 가족의 일원으로써 집안 살림을 돕는 것도 당연하고요. 엄마가 기뻐하시며 칭찬해줄 겁니다. 엄마의 그런 교육방침 속에서 현민이가 훌륭하게 자라길 바랍니다.

◆ 독립을 준비하다

부모님과 매일 싸우고 화를 내는 청소년들이 의외로 부모님에게 많이 의존합니다. 부모님과 맞지 않다면 빨리 독립해서 가정을 떠날 힘을 길러야하는데, 계속 부모님과 부정적인 상호작용을 주고받으면서 집을 나갈 생각은 하지 않습니다. 나갈 능력도, 힘도 없습니다.

청소년 여러분은 이제 조금씩 부모님께 의지하지 않고 스스로의 길을 개척해 나가야해요. 현민이도 몇 년만 있으면 곧 어른이 되죠? 엄마와 맞지 않다고 생각한다면 불평만 할 것이 아니고 어른이 되어서 하루 빨리 경제적으로도 독립하거나, 결혼해서 새 가정을 꾸리는 계획을 해 보세요. 부모님과 맞지 않을수록 혼자서 살 힘을 길러야겠죠?

호랑이도 새끼를 강하게 키우려고 일부러 절벽에서 떨어뜨린다잖아요. 어머니는 그와 비슷한 마음으로 현민이를 단련시키고 있는 겁니다.

◆ 기쁘게 살게요

어머니는 아주 기본적인 삶의 태도를 가르쳐 주시는 거예요. 집에서 왕자, 공주 대접을 받는 것에만 익숙해져 있는 아이들은 말과 행동이 수동적이고 힘이 없어요. 이제 집안일을 하거나 걸어 다닐 때도 불만스러워만 하지 말고, 내 뇌가 더 좋아지는 일이라 생각해 보기로 해요. 그리고 일부러 더 재미있게 열심히 해 봐요. 기분도 좋아지고, 몸도 좋아지고, 엄마도 기뻐하시고, 인정도 받고 일석 삼조랍니다. 엄마한테 이렇게 한번 말씀드려 보세요.

엄마, 자꾸 서운해 했는데 엄마가 훌륭하다는 걸 알겠어요.
엄마, 고맙습니다.
기쁘고 적극적으로 살아갈게요.
독립적인 멋진 사람이 될게요!

우울한데
엄마는 이해를 못해요

저는 이제 내년이면 고3이에요. 공부도 잘하지 못하지만 그래도 어떻게든 대학을 가보려고 미술학원에 다니는데요. 거기서도 잘 하지 못해서 열등감이 쩔어요. 학교 끝나고 하루 종일 미술학원에 가서 시간을 보내는데 이젠 거기도 가기 싫어요. 불안하고 제가 아무 쓸모없는 사람인 것만 같고요. 이미 다 망한 것 같고, 이대로는 아무 대학도 못갈 것 같아서 너무 암담해요. 엄마한테 이야기해 봐도 말을 들어주지 않고 그냥 열심히 하라고만 하거나, 그런 말할 시간에 공부라도 한 자 더 하라고 하고, 도리어 저한테 쏟아 부은 게 얼마냐고 한심하다고 해요. 자꾸 불안하고 무기력해지는데 엄마, 아빠한테 미안해요. 죽고 싶은 생각도 들고. 기분이 안 좋아서 자꾸 울게 돼요.   - 고2 지우

아이의
속마음

부모의
속마음

애가 왜 이렇게 나약한지. 하라는 공부를 그렇게 안 하길래, 어떻게든 대학을 보내보려고 비싼 미술학원에 보냈어요. 선생님들은 재능이 좀 있다고 하던데 왜 그렇게 또 안 가려하는지 속이 탑니다. 공부도 못하는데 이제 미술마저 포기해버리면 어떡하려고?

자, 그럼 터놓고 대화해 볼까요?

많이 힘들죠? 대학을 가기 위해서 참고 버텨야한다고 다들 이야기하지만 말이 쉽지, 도저히 더 이상 못하겠다는 지우 마음을 알 것 같아요. 오늘 지우에게 가장 먼저 하고 싶은 말은 공부를 잘 못하고 미술을 잘 못한다고 해도, 지우는 무조건 '소중한 사람'이라는 거예요. 지우를 태어나게 하고 지금도 숨쉬게 하는 생명의 힘이 몸 안에 흐르고 있어요. 그리고 항상 지우를 좋은 길로 이끌고 있답니다. 그 길을 가다보면 힘든 때도 있고 또 편안할 때가 있는데, 지금은 그 과정 중에 있는 것뿐입니다.

◆ 우울증이라서

지금 지우는 우울증 상태로 생각돼요. 우리 마음속에는 긍정적인 면과 부정적인 면이라는 두 가지 생각과 감정들이 항상 존재해요. 건강하다는 건 이 두 가지가 균형을 이루고 중심을 잘 잡으면서 살아가는 거예요. 우울증 상태는 부정적인 생각과 감정이 지나치게 많아져서 균형을 잃을 때 생겨요. 우울증이 생기면 자신감이 떨어지고 온갖 부정적인 생각과 기억이 잘 올라오게 돼요. 그러면 기분 나쁜 생각들이 반복되고, 마치 그게 사실인 것처럼 생각하게 되지요. 우울할 때는 안 좋은 생각이 들거나 주변사람들에게 자꾸 하소연을 하고 싶고, 위로를 받고 싶어지기도 해요. 그런데 문제는 우울증에 걸리면 긍정적인 이야기를 들어도 믿어지지가 않는다는 겁니다. 이미 균형이 깨져서 자꾸 부정적인 쪽으로만 생각이 기울게 되고 제어가 잘 안 되는 거죠.

◆ 정신 차리기

우울증에 빠지면 반복적으로 부정적인 이야기와 사실이 아닌 안 좋은 이야기를 반복해서 주변 사람에게 하게 돼요. 그러면 주변 사람들도 같이 기분이 울적해지거나 불안해지고 짜증이 나게 되는 거죠. 아니라고 말을 해 줘도 잘 듣지 않고 부정적인 이야기를 반복하니 화가 나고요. 지우는 자신을 위로해주지 않는 엄마가 서운하겠지만 현재 엄마도 그런 상태이실 거예요. 지우는 지금 선생님이 해주는 긍정적인 이야기도 잘 믿어지지 않지요? 그저 모든 것이 엉망으로만 느껴질 수 있어요. 하지만 이런 때에 정신을 차려야 돼요. 정신을 차린다는 건, 맨 처음 이 책의 머리말에서 이야기했던 '건강하고 행복하게!', '활기차고 재미있게!'라는 우리의 목표를 잊어버리지 않고 기억한다는 거예요.

◆ 감사일기

우울 상태에서 나오려면 생각이 변해야 해요. 무엇보다 지금 많이 힘들지만 그래도 감사한 일을 한번 찾아보기로 합시다. '감사일기'를 적어보는 것은 심한 우울증의 함정에서 빠져나오는 아주 좋은 방법 중 하나랍니다. 조금이라도 감사한 일을 찾아서 종이에 한번 적어보세요. 처음에는 아주 어렵지만 점점 쉬워질 겁니다. 그리고 내가 쓴 감사한 일을 읽으면서 직접 말로 감사해 보세요.

현재 내가 우울증 상태일 수 있다는 것을 깨닫기만 해도 우울증의 괴로운 함정에서 빠져나오는 실마리를 갖게 됩니다. 정신건강의학과 전문의 선생님께 진료를 받은 후 항우울제를 일정기간 복용하면 우울상태에서 빠져나오는데 도움이 된다는 것도 꼭 기억하구요.

◆ 긍정 대화로 우울증 극복하기

우울한 상태일 때 생각이 많아져도, 말은 줄어든다는 사실을 알고 있나요? 우울한 상태에서는 생각을 행동으로 옮기는 것도 어려워지고 몸도 잘 움직이지 않고, 동작과 말, 에너지도 줄어듭니다. 부정적인 생각이 많아지고 긍정적인 말은 줄어들게 되지요. 말을 해도 항상 부정적이고 걱정이 되는 것을 반복해서 하구요.

말을 해서 마음과 몸을 푸는 사람은 우울증에 잘 걸리지도 않고 회복도 빨라요. 우울증에서 벗어나려면 긍정적인 말을 억지로라도 입 밖으로 내야한답니다.

◆ 우울한 감정을 숨기다

우울하고 힘들 때 자꾸 집에서 부모님께 짜증만 내게 되고, 부모님은 또 그런 자녀들을 이해하지 못해서 혼을 내고 서로 다투게 되는 경우도 많아요. 큰소리가 오가면서 집이 지옥이 되고, 마음은 더 외롭고 힘들어지죠. 서로 외롭고 힘이 드니 아픈 곳을 보듬어주고 다독여주는 사람이 필요하면서도, 그런 말을 선뜻 못하고 괜히 짜증만 내는 경우가 참 많아요. 얼마나 마음이 슬프고 외로운지에 대해 진솔한 감정 표현을 못하지요. 나를 이해해주지 못할 거라 생각해서 그렇고, 가족을 실망시키기 싫어서도 그렇고, 어떤 경우는 자신이 겪는 불행을 가족이 알게 되면 같이 힘들어지고 오염될까봐 감추기도 해요.

◆ 부모님께 털어놓기

가장 곤란함을 겪을 때 여러분을 안아주고 지켜줄 수 있는 사람은 바로 부모님이랍니다. 부모님이 약해보이고 힘들어 보여도, 또 무섭기만 하더라도 결국 부모님은 여러분을 축복하세요. 여러분을 낳아서 똥오줌 기저귀를 갈고, 먹이고, 입히고, 안아서 키운 분들이 바로 부모님이거든요. 예기치 않게 갑자기 아이를 가지게 된 여고 생이 있었어요. 너무나 걱정되고, 놀라고, 또 수치스럽기도 해서 죽으면 죽었지, 부모님께는 말하지 않겠다고 했어요. 아마 부모님이 알면 평생 자기를 비난하고 경멸할거라면서요. 하지만 그렇지 않았어요. 그토록 무서운 부모님이었지만 누구보다도 딸을 감싸주며 받아주었어요. 다른 누가 그런 역할을 할 수 있을까요? 여러분의 우울한 감정이나 심각한 마음을 솔직하고 진지하게 말씀드리고 부모님께 도움을 청해보세요. 그냥 짜증만 내고 투덜대면 여러분의 말에 귀를 기울여 줄 사람은 없답니다.

◆ 엄마 저는 소중한 사람이에요

이렇게 한번 부모님께 이야기해 볼까요?

엄마, 제가 요새 우울해겨서 부정적인 생각이 많아요.

그래서 자꾸 엄마한테 부정적인 이야기를 해서 죄송해요.

엄마도 많이 힘드실 것 같아요.

이제 나쁜 말은 그만하고 긍정적인 이야기를 하려고 해요.

저는 소중한 사람이니까요.

저는 행복해지고 싶어요.

건강하고 행복해질 수 있게 노력을 해 보려구요.

엄마도 제가 그렇게 될 수 있게 도와주세요.

긍정적인 혼잣말 중계하기

우울증에서 벗어나기 위해서 긍정적인 혼잣말을 해 보는 것이 도움이 되어요. '말'을 하면 '생각'에 머무르지 않아서 우울증 회복에 좋다고 했지요? 우울해서 사람도 만나기 싫거나 자신감이 떨어질 때 혼자서 말을 해 보는 것이 도움이 된답니다. 마치 셀프 카메라에서 자신의 생활을 중계하듯, 자기가 해야 할 일들을 말로 해 보는 것도 좋구요. 자기 칭찬을 하는 것도 좋답니다. 자신에게 가장 좋은 대화친구는 자기 자신이란 걸 잊지 마세요!

"오늘은 조금 있다가 수학학원에 가야하는 날이군요."

"4시 반에는 집에서 나가야 할 것 같아요."

"내일이 벌써 금요일이네요? 미술시간이 있으니 준비물을 챙겨가야겠어요."

"아주 잘하고 있어요. 훌륭해요!"

의견 대립,
간섭

—

PART 03

잔소리가
너무
심해

엄마 잔소리가 싫어서
이제 눈도 안 마주쳐요

다른 엄마들도 그런다지만 정말 우리 엄마는 잔소리가 너무 많아요. "등 좀 펴라, 이것 좀 먹어라, 먹지 마라, 몸에 좋은 음식을 먹어야 한다, 다이어트를 해라" 등등. "이 친구는 어쩐다, 저 친구는 어쩐다" 라면서 말도 많고, "이건 어떠니? 저건 어떠니?" 하는 질문도 많고, "학교에서는 어땠니?", "그건 언제하려고?" 하면서 자꾸 물어봐요. 그래서 아예 엄마하고 눈도 안 마주치려고 해요. 엄마 말은 이제 듣기도 싫다고요.　　　　　- 중3 시윤

아이의
속마음

부모의
속마음

아이가 이젠 제 말을 들으려하지도 않고 마음을 닫아버린 것 같아요. 엄마 얼굴도 잘 안쳐다 보고 그 귀엽던 아들이 이제 저를 피하네요. 너무 서운합니다. 다 저 잘되라고 하는 말인데 아예 대꾸도 안하고 귀찮다는 표정으로 저를 무시하네요.

자, 그럼 터놓고 대화해 볼까요?

많이 힘들죠? 엄마의 폭풍 잔소리는 왜 그치지 않는 걸까요? 남의 집 아이라면 그렇게 잔소리를 하지 않겠죠? 사랑하고 잘되기를 바라기 때문에 여러분을 보면 말이 많아지는 건 아닐까요? 한 3년 정도 있으면 시윤이도 이제 성인이 돼요. 성인이란 자기 자신을 책임지고 집을 떠나서 혼자 살아갈 수도 있는 사람이죠? 그래서 부모님은 그전에 자신들이 아는 좋은 것을 한 가지라도 더 전수해 주려고 합니다.

◆ 왜 부모님과 소통해야하죠?

삶은 '소통'이에요. 삶이 '목표달성'이라고 생각하는 시대는 지나갔어요. 삶은 서로 나누고, 숨 쉬고, 함께 사는 과정입니다. 행복한 삶을 위해서 소통은 마치 숨을 쉬는 것처럼 중요해요.

부모님만큼 여러분의 확실한 편은 없죠? 때로는 부모님의 방식이 구식이고 부모님의 말이 틀릴 수도 있어요. 하지만 부모님만큼 여러분이 잘되고 건강하고 행복하기를 바라는 사람은 없을 거예요. 엄마, 아빠와 나는 가족, 즉 같은 편이니까요. 그렇게 나를 위해주는 사람과도 소통을 못한다면 어느 누구하고 소통할 수 있을까요? 엄마도 적으로 만들어버리는 재주를 가진 사람은 세상 누구와도 적이 된답니다.

◆ 부모님과도 소통을 못한다면

대부분의 청소년들이 더 이상 부모님이 말 걸기를 원치 않기 때문에 말을 차갑게 잘라버리는 경우가 많아요. 말을 많이 해 봤자 머리만 아프다고 생각하는 거죠? 부모님과 소통이 끊기면, 마치 나뭇가지에 큰 나무로부터 공급받는 물과 영양분이 끊기는 것처럼 삶이 마르게 됩니다. '산다'는 것은 그야말로 '삶을 사는 것'이에요. 삶을 받게 된 뿌리와의 단절은 여러분을 메마르게 해서 결국 힘 빠지게 해요. 불안하게 하고요. 심지어 부모님이 원하는 것은 자기를 좋게 하는 것이라도 일부러 반대로 해서 자신을 파괴하는 상황까지 벌어지기도 하죠?

◆ 엄마 쳐다보기

대화를 위해서는 서로 바라보는 게 필요해요. 공 던지기를 할 때 서로 마주서서 상대방이 공을 받을지, 줄지 정하기 위해 서로 쳐다봐야겠죠? 말도 마찬가지에요. 대화법을 배우기보다 부모님과 마주보고 쳐다보는 것이 먼저에요. 사춘기가 되면 많은 아이들이 부모님을 잘 쳐다보지 않아요. 아기들은 엄마를 졸졸 따라다니고 어떻게든 엄마 시선을 끌어보려고 하기도 해요. 하지만 이제 사춘기 자녀들은 부모의 시선을 피하고 비밀스런 행동을 하거나 숨기려하는 것도 생깁니다. 서로 소통하려면 반드시 쳐다보는 과정이 필요해요. 엄마와 눈을 마주치기 싫고 괴롭다면, 혼자서 엄마 얼굴을 떠올리고 숨을 쉬면서 엄마를 바라보는 연습을 한번 해 봐요. 그리고 엄마가 잘해 주셨던 기억을 떠올려 보구요.

◆ 엄마 말에 일리 있다

등 좀 펴라!

엄마들이 많이 하는 잔소리 중에 하나죠? 등을 펴면 멋있어 보이기도 하지만, 거기에는 정말 중요한 몸의 비밀이 숨겨져 있어요. 뇌가 중요하다는 것은 이미 알고 있죠? 하지만 뇌는 우리 두개골 안에 들어 있어서 쉽게 만지지도 못하고 접근하기 어려워요. 하지만 뇌와 붙어 있는 꼬리처럼 생긴 척수는 척추 안에 들어 있고 우리 등을 따라 밖으로 나와 있어요. 뇌와 척수는 같은 물주머니에 싸여 있지요. 거북이처럼 목을 앞으로 빼고 있는 거북목이 되어서 뒷목이 꺾이면 뇌 척수액의 흐름이 원활하지 않게 되겠지요? 나쁜 자세가 오래되면 경추에서 뇌로 가는 혈관과 신경들도 제 위치를 찾지 못해서, 결국은 뇌에 나쁜 영향을 미치게 된답니다. 그래서 바른 자세를 하는 것은 여러분의 건강과 행복을 위해서 정말 중요해요. 이제 엄마가 이야기하시기 전에 등을 펴봅시다. 배를 당겨서 쭉쭉 펴고, 턱을 당기고 뒷목을 세워봐요.

◆ 나를 위해서

오랫동안 책상 앞에 앉아 있고 운동을 잘 하지 않는 청소년들은 등을 구부리고 배가 여러 겹으로 접힌 좋지 않은 자세를 갖고 있어요. 그런데 배를 구부리고 있으면 뱃속에 있는 장기들이 작은 공간에서 힘겹게 살아야 해요. 누군가 여러분을 작은 공간에 밀어 넣고 거기서만 살라고 하면 얼마나 답답하고 싫을까요? 살아가면서 자신을 사랑하고 다독여 주어야한다는 것을 알고 있을 거예요. 나를 사랑한다는 것의 기본은 나의 몸을 소중하게 생각하고 건강하게 잘 관리하는 것이에요. 배를 쭉 펴서 나의 뱃속에 있는 장기들에게 충분한 공간을 허용하는 것을 잊지 마세요. 나에 대한 가장 기본적인 배려랍니다. 무엇보다 배를 쭉 펴면 가슴도 펴지게 되면서 시원한 숨을 쉬게 되고 대인관계에도 자신감이 생긴답니다. 부모님 말을 따라 하는 것도 아니고 나를 위해서 하는 것이라는 사실을 기억해요.

◆ 핵심을 실천에 옮기기

사실 그 누구보다도 청소년 여러분은 '간지' 나는 몸과 멋진 얼굴을 가진 몸짱, 얼짱이 되고 싶어 하지 않나요? 하지만 복근 운동이

나 몸매 관리에 에너지를 쏟지 않죠. 현실은 나날이 '늘어가는 뱃살'에다가, 여기저기 살찌는 소리가 들리구요. 특히 고등학생이 되면 운동량이 줄어들어서 자세와 건강이 나빠지기 쉬워요. 어머니께서는 그런 걸 아시기 때문에 여러분에게 건강한 자세를 하라고 하시는 거지요. 따로 시간 내어 운동을 배우지 않더라도 하루 5분 정도의 스트레칭과 윗몸 일으키기만으로도 많이 달라질 수 있답니다. 엄마 잔소리에 고개만 흔들게 아니라 핵심을 실천에 옮겨보아요. 내 자신의 건강과 행복을 위해서 스스로 하는 것입니다.

◆ 복근을 잃으면 모두 잃는 것이다

'건강을 잃으면 모든 걸 잃는 것이다' 라는 말을 많이 들어봤을 거예요. 저는 여러분께 이 말을 '복근을 잃으면 모두 잃는 것이다' 라고 바꿔서 이야기하고 싶어요. 그만큼 우리 몸에서 배가 중요하답니다. 배와 관련해서 '단전'이니 '복식호흡'이니, '뱃심' 또는 '배짱'이라는 말을 들어봤죠?

언마 뱃속에서 내가 숨 쉴 수 있도록 해줬던 탯줄과 연결된 부분이 바로 배예요. 태아들은 폐로 호흡을 못해서 배로 호흡을 했거든요. 의욕적인 사람을 보면 배가 스프링처럼 탄력있게 움직이는 걸 알 수 있어요. 배가 풀리고 힘이 없는 사람은 여러 가지 병은 물론 우울증, 불안증도 잘 생긴답니다. 무언가를 해내겠다는 의지도 바로 배에서 나오고 버티는 힘도 바로 배에서 나와요. 대인관계를 맺는 힘도 마찬가지예요. 엄마와의 관계 회복을 위해서도 뱃심을 길러봅시다.

◆ 버티고 소통하기

다른 사람과 같이 대면하고 주고받을 수 있으려면 무엇보다 몸이 안정되어야 하거든요. 대인관계나 많은 사람들 앞에 설 때 힘들어 하는 사람들은 대부분 벌써 몸에 문제가 나타나기 시작해요. 두 다리와 튼튼한 골반, 뱃심으로 서있지 못하고 자꾸 한쪽으로 몸이 기울거나 발을 서성이는 불안정한 모습을 보이죠. 상대방을 향해 가슴을 열어서 버티지 못하고 자꾸 시선을 회피하고, 숨도 잘 못 쉬어요. 편안하게 대화하려면 일단 다리와 배가 잘 버텨줘야 합니다. 좋은 인간관계를 맺기 위해서는 배가 튼튼해야한다는 사실을 꼭 기억해요. 어쩌면 엄마의 잔소리를 참을 수 없어하고 회피하는 시윤이는 이미 배의 힘이 많이 약해져 있을 거예요.

◆ 엄마 잔소리를 줄이는 방법, "네" 라고 대답하기

부모님 잔소리를 줄이는 신기하고 효과적인 방법 한 가지를 알려줄게요. 한번 부모님께 이렇게 말해 보세요. 엄마 폭풍 잔소리가 시작될 때는 그냥 이렇게 대답하는 거예요.

네

정말 간단하죠?

이 간단한 말 한 마디가 안 나오고 자꾸 다른 이야기를 서로 하기 때문에 싸우게 돼요. 엄마가 하시는 말에 아주 간단하게 "네, 엄마"라고 대답해 보세요.

분명히 열 문장으로 이어지던 폭풍 잔소리가 줄어들 겁니다.

이제 부모님으로부터 자꾸 도망가려고하거나 귀를 닫지 말고, 배와 가슴을 펴고 부모님의 잔소리에서 사랑을 찾아보아요. 내가 잘되고 잘살기를 바라는 그 마음의 속뜻을 읽어봐요.

그리고 그 마음에 대해 "네"라고 대답해 봅니다.

마음대로 먹지도 못하게 해요

학교 끝나고 독서실 가기 전에 저녁을 먹을 때 그냥 간단하게 햄버거, 치킨 이런 걸로 때우는데요. 자꾸 잔소리를 하세요. 집에 와서 밥을 먹으라고. 그냥 집에 오는 시간도 애매하고 엄마 잔소리 듣기도 싫고 그래서 밖에서 대강 먹는 거거든요. 그랬더니 그렇게 콜라 사 먹는데 돈은 못 주겠다고 하는 거예요. 얼마나 황당한지. 왜 우리 엄마는 제가 하는 일에 그렇게 딴지를 걸까요? 그냥 좀 하고 싶은 대로 내버려두면 안돼요? "엄마가 하는 음식은 다 맛없거든" 했더니, "아빠랑 동생은 잘만 먹는데 뭐가 맛이 없냐"고 또 화를 내세요. 요새는 자꾸 몸이 찌뿌둥하고 속도 안 좋은데다가, 이제 고3이라 공부도 너무 힘들고 시간도 없는데 엄마까지 옆에서 자꾸 그러니까 더 짜증이 나요. 제 속 좀 편하게 해 주면 안 돼요?
　　　　　　　　　　　　　　　　　　　　　　　- 고2 승주

아이의
속마음

부모의
속마음

아주 상전이에요. 고2인데 내년 고3은 또 어쩔 건지. 정말 한숨이 나네요. 다 지 잘되라고 하는 건데 어쩜 그리 사사건건 부딪치는지. 엄마가 하는 이야기에 딴지나 걸고. 안 좋은 것만 먹고 돌아다니더니 이제 속도 안 좋다고 하니까 얼마나 걱정이 돼요. 공부하는 독서실에서 집에까지 10분 밖에 안걸려요. 나름 신경 쓴다고 맛난 거 사다가 정성들여 밥을 해 놓는데 밖에서 사 먹는 거와 비교가 되나요? 그런데 집에 와서 밥을 안 먹는다는 게 말이 안 되는 것 같아요. 그런데도 제가 이야기만하면 다 듣기 싫다고 저렇게 소리를 지르네요.

자, 그럼 터놓고 대화해 볼까요?

승주가 엄마랑 한참 싸우는 중이군요. 몸도 자꾸 안 좋다고 했죠?
열심히 공부해야하는데 몸도 좋지 않으니 얼마나 답답하고 힘들까
요? 게다가 자꾸 옆에서 화를 돋우는 사람이 있으니 속이 터질 것만
같겠어요. 승주가 고3을 건강하게 마치고 바라는 목표를 얻을 수
있도록 오늘 함께 생각을 해 봐요.

◆ 건강한 선택

엄마가 바라는 것과 승주가 바라는 것은 같아요. 바로 승주가 건
강하고 행복하고, 또 잘되는 것 아니겠어요? 같은 것을 바라는 사람
들이 왜 이리 싸우고 힘을 뺄까요? 조금만 잘 생각해보면 잘되는 길
로 가는 게 아니라, 같이 망하는 길을 선택하면서 싸우고 있다는 걸
알 수 있어요. 이렇게까지 된 이유는 닭이 먼저냐, 달걀이 먼저냐의
문제처럼 알 수 없을 때가 많아요. 과도한 엄마의 사랑과 집착, 나
의 강한 성격, 사소한 다툼이 커진 것 등등 다 이유가 있을 거예요.
하지만 과거야 어쨌든 지금이 승주에게 중요한 때이니만큼, 선택의
결단을 내려야 해요. 건강과 성공의 길로 갈 것인지, 고통과 실패의
길로 갈 것인지에 대한 선택권은 승주에게 있어요. 좋은 선택을 할

마음의 준비가 되었다면 이제 엄마랑 대적하려고 하지 말고 마음속으로 엄마와 같은 편에서, 엄마 옆에 서서 목표를 함께 바라보는 이미지를 그려보세요.

◆ 엄마를 거부하다

집에 와서 밥을 먹기 싫은 건 밖에서 먹는 자극적인 음식에 입맛이 길들여져서이기도 하지만, 집에 오면 엄마의 잔소리를 들어야하니까 편치 않아서인 것도 있어요. 그렇죠? 엄마가 해 주는 따뜻한 밥을 거부하는 건 영양분에서의 문제가 아니라 심리적인 의미가 커요. 엄마의 음식이 맛없었다는 건 엄마를 거부하는 마음때문이에요.

승주의 몸은 어디서 나왔나요? 바로 엄마 뱃속에서 나왔어요. 엄마가 주는 영양분을 빨아들이고 끌어올려, 이렇게 '사람'이 되어 태어났어요. 그리고 엄마가 주는 젖과 음식을 먹으면서 자라나 큰 사람이 되었어요. 엄마가 주신 영양분을 먹지 않았다면 나는 아예 존재하지도 않을 거예요. 그런데 사춘기가 되면서 자꾸 엄마에게 반기를 들어 거부하는 친구들이 생겨요. 엄마를 거부하는 마음이 엄마가 해 주는 음식을 거부하고, 엄마가 하라는 것을 거절하는 것으로 표현돼요. 저는 그런 친구들을 보면서 독립하기 위해 나름대로 노력하는 모습이라고 느껴요. 하지만 그렇게 되면 몸과 마음에 힘이 날 수가 없어요. 정말 독립해서 잘 살아가기 위해서는 부모님을 거부해서는 안 돼요.

◆ 잘 먹겠습니다

  여러분이 엄마가 해 주신 음식을 먹을 때 반찬이 마음에 안 들거나 입맛에 맞지 않더라도 일단 꼭 해야 할 말이 있어요. 바로 음식을 해 주신 엄마에 대한 고마움을 전달하는 거예요. 헐레벌떡 뛰어가는데 누군가가 엘리베이터 문을 잡아주는 작은 호의를 베풀었을 때 우리는 "고맙습니다" 라고 이야기를 해요. 그러나 매일 식사를 차려주는 엄마한테는 그런 말을 잘 하지 않죠? 가족끼리 쑥스럽다고요? 소중한 가족끼리, 남들과도 하지 않는 잔인한 말을 서로에게 쏟아 놓게 되는 건 바로 이런 간단한 말을 평소에 하지 않기 때문이에요. 오늘부터 식사하기 전에, 반찬 탓을 하기 전에 꼭 엄마한테 큰소리로 이야기하세요.

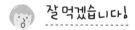

잘 먹겠습니다!

◆ 감사와 칭찬 먼저

  그리고 엄마한테 반찬에 대해서 건의사항이 있다면 맛있었던 것에 대해서 꼭 먼저 칭찬하고 이야기하세요.

잘 먹었습니다! 엄마, 오늘 김치찌개가 정말 맛있었어요.
엄마 음식 솜씨가 정말 좋아요.

그러고 나서 원하는 말을 하세요.

 그런데 엄마, 달걀말이가 좀 짰어요. 그래도 잘 먹었어요.

이렇게 엄마의 수고에 대해서 칭찬과 고마움을 먼저 전달한 다음에 하고 싶은 말을 하세요. 엄마는 다음부터 간을 잘 맞춰 주실 거예요.

여러분이 세상에 나가서 다른 사람과 소통하는 것도 똑같답니다. 다른 사람이 한 일에 대해 무조건 다 틀렸다고 거절을 하거나 거부를 하면, 회사에서도 좋은 대인관계를 맺고 일을 할 수가 없어요. 여러분의 미래를 위해서도 반드시 필요한 것은 바로 다른 사람의 호의를 먼저 감사히 받아들이는 일이에요.

◆ 몸쓰기!

고3병을 이기는 가장 좋은 방법을 알려줄까요? 바로 몸을 쓰는 거예요. 책상 앞에만 앉아 있으면 속이 더부룩하고 복근이 약해지면서 무기력한 기분을 갖기 쉬워요. 아무리 맛있는 것을 먹어도 입

맛이 없어져요. 시간이 없어도 식사시간 전후는 꼭 몸을 움직이고 충분히 걷는 시간을 확보하세요. 시간이 없다고, 또는 급하다고 책상 앞에만 앉아 있다 보면 도리어 효율이 떨어지고 머리가 무거워져요. 집이 멀지 않으면 산책한다 생각하고 걸어가 보세요. 중간에 맑은 공기를 쐬고 하늘과 땅도 살펴보고, 뛸 수 있는 곳에서는 1분이라도 뛰어 봐요. 뇌 속에 있는 호흡중추가 자극이 되면서 몸이 살아날 거예요.

그렇게 살아난 몸과 마음, 숨으로 엄마가 해 주신 밥을 맛있게 먹으면서 "잘 먹겠습니다", "잘 먹었습니다"라고 이야기할 때 승주의 몸과 마음은 더욱 건강하게 살아날 거예요.

하루에 한번 하늘 보기!

심술부리는 말, 부정적인 말을 하지 않으려면 자신이 얼마나 넓고 큰 사람인지 알고 있는 것이 중요해요. 자신이 어떤 사람인지 '이미지'를 갖고 사는 것은 정말 중요하답니다. 아무리 바빠도 매일 하늘을 한번 올려다 보기로해요! 하늘을 보면서 크게 숨을 들이마셔 보세요. 자신이 하늘처럼 크고 넉넉한 사람이라는 것을 꼭 깊은 '숨'으로, 몸으로 기억하세요. 여러분의 배와 다리가 땅 속 깊이 뿌리를 단단하게 내리는 것을 상상하고, 가슴과 머리, 팔은 저 멀리 하늘까지 뻗고 있다고 상상해 보세요. 이제 그 넓은 공간으로 자신을 확장시켜 봅니다.(엄마는 땅으로, 아빠는 하늘로 느껴보세요) 나에 대한 이런 인식은 나를 사소한 것에 붙들리지 않으며, 힘든 일에 연연해하지 않고 앞으로 나아가게 합니다.

아침마다 화가 나서
학교에 가곤 해요

아침마다 속이 상한 상태로 학교에 가게 돼요. 일어나라는 엄마 잔소리에 자꾸 화가 나서 기분이 좋지 않은데, 준비물은 챙겼냐, 밥은 왜 안 먹냐, 하면서 뭐라고 하니까 화를 내고 집을 나서게 돼요. 문을 쾅 닫고 못되게 나오면 저도 마음이 좋지 않은데 그래도 어쩔 수가 없어요. 현관문 열고 나가는 제 뒤통수에다가도 "준비물 챙겼지? 차조심해!" 하면서 소리를 지르는데 정말 짜증이 나요. 오늘도 "그만 좀 하라고!"하면서 화를 내고 나왔어요. 학원에 갔다 오면 10시가 넘고 컴퓨터 하다가보면 자는 시간이 1시가 넘어서 아침에 일어나기가 힘들거든요. 저도 아침을 잘 시작하면 좋겠는데...   - 중2 다은

아이의
속마음

부모의
속마음

아침에 깨우는 것부터가 고역이에요. 피곤한 줄은 알겠는데 깨워도 안 일어나고, 늦게 일어나서는 늦게 깨웠다고 야단이에요. 허둥지둥 학교를 가니 날마다 마음을 졸이게 되고요. 아침도 먹는 둥 마는 둥, 준비물을 안 가져 갈 때가 많아 그럼 제가 또 가져다 줘야 해서 자꾸 잔소리를 하게 되네요. 오늘도 화를 내면서 나갔는데 정작 가져오라는 설문지를 안 가져 가서 또 가져다 줘야 하나 봅니다. 아이가 아침마다 그렇게 찌뿌둥한 얼굴로 화를 내며 문을 쾅 닫고 나갈 때는 정말 속이 상해요. 깨우고, 먹이고, 챙기고, 내가 뭘 하는 건지, 그리고 나도 왜 아이한테 이런 대접을 받아야하는 건지 슬퍼질 때가 있어요.

자, 그럼 터놓고 대화해 볼까요?

◆ 짜증나

이해해요. 그렇지 않아도 아침에 학교 가기 바쁜데 엄마까지 옆에서 잔소리를 해대면 정말 머릿속이 복잡하고 정신이 없어서 행동이 더 꼬이죠? 화가 날만해요. 아침에 기분 좋게 나가도 학교에서 힘든 일이 많은데, 속이 상해 집을 나서게 되면 하루가 편치 않죠? 아침을 더 상쾌하게 시작하고 싶은 마음이 있으니까, 어떻게 하면 즐겁게 하루를 시작할지 함께 의논해 보기로 해요.

◆ 알아서 일어나기

초등학교 고학년만 되어도 충분히 혼자 일어날 수 있어요. 아침에 엄마가 깨워야만 일어나는 것 자체가 엄마와 다은이 관계에 문제를 일으켜요. 학교를 가는 것은 '나'인데 왜 엄마가 꼭 나를 깨워줘야 할까요? 많은 청소년들이 이제 다 컸다며 간섭하지 말라고 부모님께 큰소리를 치지만, 정작 기본적인 자기 시간관리 조차 못하는 경우가 많아요. 다은이는 어른이 되기 전에 독립할 준비를 하는 청소년기를 지나고 있어요. 이제 어른이 되려면 4년 정도 남았어요. 어른이 된다는 건 자기가 해야 할 일, 맡은 일을 책임감 있게 해나갈 수 있다는 걸 의미해요. 아침에 일어나 학교 가는 것조차 부모님께 의지한다면 어떤 일도 하기가 힘들답니다. 이제 엄마한테 이야기를 한번 드려보세요.

 엄마, 지금까지 아침에 저 깨우느라 고생 많으셨죠? 아침마다 화를 내고 나가서 저도 기분이 안 좋고 엄마도 속상하신 것 같아요. 저도 이제 다 컸으니까 제 스스로 한번 알람을 맞춰서 일어나 볼게요. 내일부터는 저를 깨우지 않으셔도 돼요.

그리고 혹시 알람 시간을 놓쳐 일어나지 못하면 '엄마 탓'이 아니라 '내 잘못'이니, 내가 책임진다는 마음으로 늦게라도 학교에 가면 됩니다.

◆ 언젠가는 헤어진다

언제나 엄마가 다은이와 함께 있을 것 같죠? 그렇지 않아요. 사람은 만났다 헤어져요. 처음에 다은이가 엄마 뱃속에 생겼을 때부터 지금까지 매일 엄마랑 같이 살다보니까 엄마랑 함께 하는 일상이 당연한 것처럼 생각이 될 거예요. 하지만 다은이 나이에도 이런저런 이유로 엄마와 함께 살지 못하는 아이들이 많이 있어요. 그리고 언젠가는 다은이도 엄마와 헤어지게 돼요. 다른 도시나 나라에서 공부를 할 수도 있고, 결혼을 해서 따로 살게 되는 것, 그리고 언젠가는 죽는 것 모두 부모님과 헤어지는 거죠. 그렇기 때문에 엄마와 다은이의 삶은 매일 매일이 소중한 거랍니다. 아침에 화를 내고 나왔는데 그날 엄마가 교통사고로 돌아가셔서 다시는 엄마와 마주 보며 인사하지 못하게 된 학생을 상담한 적이 있어요. 마지막인줄 모르고 엄마한테 투정을 부리고 화를 낸 것 때문에 너무 죄송하고 후회가 된다면서 많이 울었어요. 오늘 집을 나서면서 "다녀오겠습니다" 라고 인사하는 것은 바로 그런 의미예요. 매일 매일 헤어지고 만나는 것을 소중하게 생각해 보세요.

◆ 다녀오겠습니다!

다은이 뿐 아니라 많은 학생들이 아침에 집을 나서며 인사를 제대로 하지 않아요. 다은이처럼 화를 내며 집을 나오기도 하고, 웅얼거리듯 조그맣게 인사를 하거나, 멋쩍게 쓰윽 집을 빠져나오기도 해요. 이제는 집을 나올 때 무조건 밝고 큰 목소리로 "다녀오겠습니다!" 라고 인사하고 가기로 해요.

집에 들어올 때도 마찬가지예요. 집에 누가 있는지 없는지 잘 알수 없어도, 큰소리로 "다녀왔습니다" 라고 이야기해요.

◆ 다녀왔습니다!

안전한 우리 집에 감사하면서 우리 집의 공기가 다정하고도 포근하게, 또 명랑하게 울려 퍼질 수 있도록 큰소리로 말해보도록 해요.

이런 간단한 습관이 집을 나선 여러분을 자신감 넘치게 한답니다. 쩌렁쩌렁한 목소리로 활발하게 인사하고 대문을 나가게 되면 기가 살아나요. 이 세상을 살아가는데 꼭 필요한 것은 바로 그런 '힘'이랍니다. 목소리를 틔우고 몸을 살아나게 하면 에너지도 커지고 그 어떤 일도 잘 해낼 수 있는 능력있는 사람이 될 겁니다.

엄마는
항상 가르치려고만 해요

정말 엄마 잔소리 때문에 미치겠어요. 왜 이렇게 잔소리가 심한 거죠? 끊임없이 잔소리를 해요. 방 치우는 거, 먹는 거, 제가 움직일 때마다 잔소리를 해요. 이거는 이렇게 해라, 저거는 저렇게 해라, 무슨 엄마만의 방식에 제가 다 따르기를 원한다니까요. 저도 참다가 소리를 빽 지르게 돼요. "그만 좀 하라고! 내가 다 알아서 한다고!"
- 고1 유진

아이의
속마음

부모의
속마음

뭐 이야기 할게 한두 개라야지요. 생활습관을 잘 잡아줘야 할 텐데, 어디 가서 욕이나 얻어먹지 않으려면요. 준비물 챙기는 거, 방 정리하는 거, 먹고 나서 설거지통에 그릇 넣는 거, 빨래통에 빨래 넣기, 그런 것도 못하는데 나중에 어떻게 살려고. 다 지 생각해서 하는 말들인데 들으려고 하지를 않으니, 원. 버릇없게 소리를 지르고 하는 걸 보면 정말 속이 상하네요.

자, 그럼 터놓고 대화해 볼까요?

◆ 땅에 떨어지는 말

정말 괴롭지요? 그런데 엄마 잔소리 때문에 머리가 아픈 건 유진이 만이 아니에요. 거의 모든 자녀들이 고민하는 문제에요. 잔소리는 그냥 땅에 떨어지는 말이에요. 입만 아프고, 땅에 떨어져 버리는 이런 잔소리는 정말 힘 빠지게 하죠? 관계는 관계대로 나빠지고요. 더 건강해지고 행복해지려면 이런 무의미한 상호작용을 변화시켜야 해요.

◆ 반복되는 잔소리

엄마가 여러분을 괴롭히고 고통을 주려고 입 아프게 잔소리를 하지는 않겠죠? 부모님의 잔소리에는 여러분을 나쁘게 하는 것은 없어요. 다 도움이 되는 말이에요. 그런데 왜 그렇게 듣기 싫을까요? 같은 말이 반복되고 나를 괴롭히는 것처럼 느껴지니까 언젠가부터 귀를 닫아버리게 되고, 또 나를 야단치는 말이라고 생각하니 기분이 좋지 않아 마음을 닫게 되었을 거예요. 그렇다면 땅에 떨어지는 말, 그리고 사이가 멀어지고 싸우게 하는, 나를 거칠게 만드는 말이 오가지 않으려면 어떻게 해야 할까요?

◆ 부모 마음이란

'70살 노인도 90살 부모 눈에는 아기로 보인다'는 말이 있죠? 부모들은 조그만 갓난아이를 낳아 키우면서 모든 것을 보호하고 가르쳐야만 하는 역할을 수행했어요. 귀하기 때문에 아이가 다치지 않게, 아프지 않게 먹이고 입히며 돌보았어요. 또 아이에게 세상을 가르치고 동시에 보호하는 역할을 했어요. 그렇게 어린 아이를 키우다가 그 아이가 사춘기에 접어들고 성인이 되었어도, 여전히 부모는 자식을 못미더운 눈으로 보기 쉽죠. 그런 부모님 마음을 이해해봐요. 부모님에게도 여러분이 커가고 독립하는 것을 받아들이는 것이 새로운 과정이랍니다. 품 안에 자식이 아니라 세상에 놓아서 그 운명대로 살아가야하는 것을 어쩔 수 없이 지켜봐야하고, 더 이상 부모로서 해 줄 것이 없다는 아쉬움과 한계를 받아들여야 해요. 부모 없이 나가서 생활할 때 건강하고 행복할 수 있도록, 어디 가서든 떳떳하도록 마지막까지 가르치고 싶은 부모님 마음을 조금이라도 이해해보면 좋겠어요.

◆ 엄마랑 같은 편 되기

부모님의 잔소리를 피하려 고개를 돌리거나 귀를 닫으려 하지말고, 엄마를 바라보면서 열심히 듣고 적극적으로 리액션을 해 보세요. 엄마 잔소리에 쫓긴다 생각 말고, 도리어 열심히 엄마 말을 듣는 거예요. 적극적으로 엄마 말에 반응을 하면서 같은 편이 되는 거죠. 그러다 보면 언제부턴가 여러분은 잔소리의 피해자가 아니라 엄마는 같은 편이면서 '나를 잘되게 하는 사람'이 되고, 어느 순간 부모님의 잔소리가 줄어들었다는 걸 알게 될 거예요.

◆ 속뜻 읽기

엄마가 하는 말이 듣기 싫고 쓸데없는 말처럼 들리지만 속에 있는 메시지는 하나랍니다. 바로 '네가 행복했으면 좋겠다'예요. 이제 엄마가 무슨 말을 하든지 속상해 하지 말고, 그 속에 담긴 메시지를 읽어보세요. 그럼 화가 덜 나게 됩니다.

◆ 맞아요

잔소리를 줄이는 신기한 말을 또 하나 가르쳐 줄게요.

 엄마 말씀이 맞아요.

이 한마디면 엄마의 잔소리가 줄어듭니다.

엄마가 저 행복하라고 하시는 이야기인 줄 알아요.

제가 생각해도 그렇게 하면 좋을 것 같아요.

잘 안 되지만 노력해 볼게요.

엄마, 저도 그게 문제라는 걸 알겠어요.

방을 잘 치우는 것은 저한테도 도움이 되는 일이에요.

저도 한번 노력해 볼게요.

◆ 유머

평상시에 엄마는 잔소리를 하고 아이들은 짜증을 내고, 엄마가 화를 내고 아이들은 더 소리를 지르는 일들이 반복되는 경우가 많지요? 점차 대화가 단절이 되거나 서로 말을 했다하면 가시 돋친 말들이 오고가고, 별말 아닌데도 신경질적인 반응을 하게 되곤 해요. 이제 유진이와 엄마 사이에 평소 쓰는 말들을 유쾌하게 바꾸어 봐요.

아마 대화법 중에서 가장 높은 고급단계가 있다면 바로 유머일 거예요. 사회에서도, 가정에서도 가장 환영받고 사랑받는 사람은 바로 유머가 있는 사람이에요. 유머엔 여러 가지가 있겠지만 몇 가지만 한번 연습해 볼까요? 적절한 유머는 어색하거나 힘든 상황도 편안하게 넘길 수 있게 해요.

엄마, 오늘 더 예뻐 보여요. 미스코리아 같아요.

상대방을 다소 과장되게 띄우며 칭찬하는 말은 그 사람을 피식 웃게 만들어요. (다른 사람을 칭찬하는 유머)

 엄마, 나 다리에 털이 많이 나요.
이러다가 오랑우탄이 될 거 같애. 헤헤.

짜증내지 않고 자기 상황을 약간 뒤틀어 의미전달을 하게 되면 서로 웃을 수 있게 되죠. (자기 자신을 낮추면서 하는 유머)

 우와, 우리 집이 오늘 왜 이렇게 깨끗하죠?
잘못 온줄 알고 다시 나갈 뻔 했다니까요?
우리엄마 오늘 대청소 했구나.

서로 웃을 수 있으려면 둘이 같이 있는 공간이나 공유할 수 있는 뭔가를 하나 잡아서 즐겁게 유머를 섞으면 된답니다. (같이 있는 공간이나 공통소재를 이용한 유머)

◆ 몸 개그

때에 따라 애교스럽거나, 우스꽝스러운 표정이나 제스처를 할 수 있는 사람은 다른 사람을 즐겁게 만들어요. 어릴 때 여러분은 부모님께 재롱을 많이 부렸을 거예요. 부모님들은 여러분을 보면서 웃음을 터뜨렸을 거구요. 언제부터 우리 관계가 이렇게 심각하고 힘들어졌는지 생각해 보고, 지금부터라도 즐거운 대화와 유머를 시작해보는 게 어떨까요? 몸으로 리듬을 타면서 몸을 흔들고 엉덩이 춤을 추거나, 웃긴 표정을 짓거나 윙크를 날리는 등의 자기만의 제스처를 조금씩 만들어보아요. 그런 제스처를 쓸 수 있는 사람이 사회생활도 훨씬 유연성 있게 잘한답니다. 숨어 있다가 엄마를 가볍게 놀래켜 주거나(덩치가 큰 여러분들이 너무 심하게 놀래키면 부작용이 심하니까 조심하세요!), 함께 웃을 수 있는 몸 장난을 가끔 해 보세요. 엄마를 뒤에서 안거나 엄마 품을 파고들면서 어리광을 장난스럽게 피우는 것도 좋고요. 무엇보다 웃음꽃이 피어나는 가정에서는 잔소리로 서로 얼굴 붉히는 일도 없답니다.

재미있게 살자!

적절한 유머와 몸 개그는 삶에 필수적이랍니다. 우리 몸과 마음에 긴장을 풀어주고, 서로 웃으면서 관계가 부드러워지고, 무엇보다 살맛이 납니다. '재미없는 사람'은 '재미없는 삶'을 살기 쉬워요. 우리의 목표 기억나죠? "건강하고 행복하게, 활기차고 재미있게" 잘 살기 위해서 항상 재미있는 것을 찾을 수 있는 눈이 열려 있어야 해요. 부정적인 것에 눈이 자꾸 열리게 되면 우울증, 불안증에 빠지기 쉬워요. 일상생활에서 웃음을 터뜨릴 수 있는 재미있는 요소를 꼭 찾아보세요.

매일 공부만 하래요

우리 엄마는 항상 공부 이야기만 해요. 제가 어렸을 때부터 그랬어요. 학원에 갔는지, 숙제를 했는지 계속 체크해요. 집에서도 자꾸 책상 앞에 앉아 있는지 감시를 해요. 근데 공부를 하려고 해도 집중이 안 되서 조금 앉아 있다가 들락날락하게 되는데, 그러면 또 왜 너는 진득하게 공부를 하지 않느냐면서 엄마의 잔소리가 쏟아지죠. 그러다 기분이 나빠지면 아예 공부를 안 하게 돼요. 학원 숙제가 너무 많고 학원에 가도 공부도 안 되서, 학원에 가기 싫다고 하거나 빠질 때가 있는데 엄마가 너무 신경질을 내서 큰 싸움이 일어나곤 해요. 사실 엄마는 걱정이 너무 많고 항상 부정적인 말을 많이 해요. 제가 공부를 안 하는 것도 아닌데 공부를 하나도 안 한다고 하고, 이렇게 하다가 나중에 노숙자 된다는 둥 막말을 할 때는 저도 너무 화가 나요. 솔직히 저도 불안하거든요. 성적도 별로 안 좋고. 저도 공부를 잘하고 싶지만 성적이 생각만큼 안 나와서 속상해요. 근데 엄마가 자꾸 그러니까 더 공부가 싫어지는 것 같아요.　　　　　　　　　　　　　 - 고1 주미

아이의
속마음

부모의
속마음

저는 오빠만 생각하는 집안에서 치여 공부를 많이 못했어요. 내 딸만큼은 좋은 분위기에서 부족한 것 없이 잘해주려고 노력했고요. 아이한테 좋은 학원이란 학원은 다 보내면서 그렇게 뒷바라지를 해 주는데도 결과가 형편없네요. 열심히 하려고 하지도 않고, 저러다 어떻게 되려는지 정말 한숨이 나옵니다.

자, 그럼 터놓고 대화해 볼까요?

많이 힘들죠? 주미의 고민은 많은 아이들이 고민하는 문제이기도 해요. 부모님의 교육열은 뜨겁지만 아이들이 그만큼 따라주지 않아서 부모님들은 속이 타서 아이들을 조이고, 아이들은 숨통이 막힙니다.

◆ 왜 그렇게 공부를 하라고 난리일까?

정말 부모님들은 아이들 공부에 왜 그렇게 신경을 쓸까요? 공부만 하라고 하는 엄마에게 도대체 무슨 일이 있었던 걸까요? 대부분의 부모님들은 자녀가 공부를 잘해서 좋은 대학에 가고, 좋은 직업을 가져 경제적으로도 풍족하며 다른 사람에게 무시 받지 않고 사는 것을 원하시죠. 혹시 부모님께서는 그렇게 되지 못했을 때 받는 고통에 대해 너무 잘 알고 계신 것은 아닐까요? 부모로서 아이에게 별로 해 줄 것이 없기 때문에 그렇게 높은 교육열을 보이는 건 아닐까요? 세상에서 가장 쉽게 자신이 원하는 것을 얻는 방법이 초중고 몇 년 동안 좋은 성적을 받는 것으로 간단히 해결되리라고 믿기 때문은 아닐까요?

◆ 집착하는 이유를 이해하다

스무 살이 되기 바로 몇 년 전의 학업 성적으로 세상을 살아가는 기반이 쉽게 형성될 수 있다고 생각하시는지도 몰라요. 공부 잔소리를 하는 엄마를 피해 공부하는 척만 하거나 도망다니지 말고, 엄마 잔소리의 이유를 한번 생각해 보기로 해요. 다른 사람의 집착에 화를 내기보다 왜 그렇게 그걸 소중하다고 여기고 집착하는 지를 이해하고 나면 대화가 되기 시작합니다.

◆ 엄마는 제가 잘되기를 원하시는 거죠?

엄마 마음의 속뜻을 읽어 주세요. "엄마는 제가 행복하기를 원하시는 거죠?" 이렇게요.

서로 싸울 일이 아닙니다. 배가 산으로 가지요. 이 배는 모두의 행복을 향해서 항해하는 배예요. 서로 치열하게 싸우다보면 어디로 가고 있는지 조차 잊어버릴 때가 많아요. 목표를 서로 정확하게 확인하는 것이 좋아요. "엄마, 저도 잘되고 행복하게 살고 싶어요." 라고 이야기해 보세요.

또 엄마의 공부 잔소리가 너무 부담스러울 때는 화를 내기보다 예의를 갖추어서 이야기해 보세요.

◆ 예의를 갖추어 부탁하기

여러분이 싫은 행동을 누군가가 계속할 때 그 사람을 피한다고, 그리고 화를 버럭 낸다고 문제가 해결되지 않는 걸 알고 있죠? 이제 마음을 말로 표현해 보아요.

> 엄마, 그런데 엄마가 공부 이야기를 할 때마다 마음에 부담만 많이 되고 공부가 잘 안 돼요. 죄송하지만 저를 좀 믿어주시면 안될까요? 저도 제가 앞으로 어떻게 살아갈지 고민하고 있어요. 잘 될지 저도 잘 모르겠고 불안하지만, 엄마가 저한테 잘 할 수 있다고 용기를 주시면 힘이 날 것 같아요.

사랑하는 딸이 적절하고 진지하게 자신의 속마음을 이야기하고 예의를 갖추어서 부탁을 할 때 부모님들은 귀를 기울여 주신답니다.

◆ 내가 주인이야

매일 가야하는 학원, 안 가고 싶을 때가 있을 수 있어요. 학원에 다니고 학원 숙제를 하느라고, 학교 수업시간에 졸거나 학교생활을 충실히 하지 않아 내신을 잘 못 챙기는 경우도 있고요. 공부든 다른 무엇이든, 여러분이 주체가 되어야 해요. 학원에 간다고 다 공부를 잘 하는 것도 아니죠. 어느 누구도 내 인생을 책임져 주지 않아요.

바로 내 스스로가 주인이 되고 책임을 져야한답니다. 그러려면 지금 내 상황에서 무엇이 문제인지, 어떻게 해야 되는지 분석을 좀 해봐야 해요.

◆ 환경 바꾸기

집에서 공부를 하기 어려운 경우가 많이 있어요. 집에서는 자꾸 눕고 싶고 텔레비전도 보고 싶고, 스마트 폰을 하다가 시간을 보내 버리죠. 누구든 편한 집의 환경에서 공부하기가 쉽지 않거든요. 자신을 자유롭게 해 주기 위해서 주변 환경을 정리하는 것이 도움이 될 거예요. 한 방법을 써보다가 아니라고 생각되면 다른 방법을 시도해 보는 것도 현명하고 건강한 삶이에요. 그런 경우 학교에서 야자를 하거나, 집 근처의 도서관이나 독서실에 가서 공부를 하는 것도 좋고, 친구들과 스터디 모임을 만들어서 공부하는 것도 좋아요.

◆ 왜 공부가 안될까

정말 의욕이 없고 공부가 안 될 때는 무엇이 문제인지 상담을 받아보는 것도 좋아요. 공부를 열심히 하고 싶어도 하지 못하는 여러 가지 상태가 있을 수 있어요. 머릿속을 떠나지 않는 생각 때문에 공부가 안 되는 강박증도 있고, 우울증이 심해서 의욕이 떨어져 아무 것도 하기 싫은 상태가 되기도 해요. 그런 경우는 무조건 공부를 하는 것보다 문제를 해결하고 마음에 힘을 얻어서 공부하면 훨씬 안정적일 수 있어요. 또 어릴 때부터 주의력과 집중력이 부족한 뇌신경계를 가진 경우도 있어요. 그런 경우 의사가 주의력 결핍 문제가 있다고 진단을 하면, 집중력 약을 처방받는 것이 도움이 되기도 하죠.

◆ 공부 기도

왜 우리는 공부를 해야 할까요? 만약 여러분에게 꿈이 없다면 목표가 없는 것이니 공부하기 힘들죠. 내가 원하는 것을 하기 위해 무엇을 해야 하는지 생각해 봐요. 멀리 보고 하고 싶은 일을 생각하는 것은 정말 중요해요. 그리고 무슨 직업이든 결국 사람을 행복하게 하는 일이랍니다. 남보다 잘 먹고 잘살기 위해서 하는 공부는 내 몸과 마음속의 양심이 허용하지 않아요. 그런 좁은 생각으로만 공부하게 되면 결국 좋은 결과를 얻기 어렵답니다. 저는 공부하는 학생들에게 이런 기도를 해 보라고 조언해요. 종교가 있다면 믿고 있는 신에게, 종교가 없어도 항상 나를 도와주는 보이지 않는 큰 힘에게 말이죠.

> 건강하고 행복해져서 제가 가진 능력을 잘 발휘해 다른 사람이 건강하고 행복하도록 도와주는 사람이 되게 해 주세요.

◆ 결심을 말하다

주미가 결심이 서고 마음에 힘이 생기면 엄마한테 이렇게 이야기해 보세요. 힘을 가지고 이야기하면 엄마가 귀 기울여 들으실 거예요. (만약 엄마에게 이야기하기가 힘들면 엄마가 앞에 계시다고 상상하고 소리내어 이야기해 보세요.)

엄마, 제가 공부를 잘하고 성공하길 원하시는 걸 알고 있어요.

제가 건강하고 행복하게 살기를 바라시는 거잖아요.

저도 건강하고 행복하게 살고 싶어요. 공부도 잘하고 싶고요.

저도 이런 제가 한심할 때가 있어요.

그런데 엄마가 저를 야단치고 비난하면 힘이 더 빠져요.

엄마가 저한테 용기를 주셨으면 좋겠어요.

물론 학원에 자꾸 안 가서 속을 썩인 건 죄송해요.

그런데 지금 학원만 열심히 다니는 게 중요한 건

아닌 것 같아요.

정말 공부를 잘하려면, 공부 방법을 잘 생각해서 바꿔보고

저한테 맞는 방법을 찾아야 할 것 같아요.

제가 주인이 되어서 학교 내신부터 한번

꼼꼼히 챙겨 보려구요.

저도 불안하고 또 엄마도 불안하시겠지만

한번 개혁을 해 볼거예요.

힘들겠지만 노력할테니까,

엄마도 제 편이 되어서 믿어주세요.

부모의 반대,
강압적 태도

—

◆ PART 04 ◆

엄마는
뭐든
안 된다고만
해

남자 친구를
못 사귀게 해요

남자 친구가 있으면 있어 보이고 다른 애들 보기에도 뿌듯해요. 어떤 애는 있지도 않은 남친 사진을 프사에 걸어놓기도 했다니까요. 주변에 자꾸 커플이 생길 때마다 소외감이 느껴지고 제가 초라해 보이기도 해요. 절 아껴주고 사랑해주는 남친이 있었으면 좋겠어요. 손도 잡고 다니고 뽀뽀도 하고 좋을 것 같아요. 그런데 우리 엄마는 남자 친구를 사귀는 걸 결사반대하시는데 그게 이해가 안 돼요. 요샌 엄마 때와 세상이 바뀌었잖아요.

- 중2 아람이

아이의
속마음

부모의
속마음

요새 아이가 바람이 든 거 같아 걱정이에요. 자꾸 이성교제에 눈을 돌리네요. 남친 구함 사이트에 사진과 글을 올린 걸 우연히 알게 되어 기함을 했다니까요. 성인들까지 아이한테 댓글을 달았더라구요. 얼마나 놀랐는지. 그러다가 나쁜 사람들에게 이용당하면 어쩌려고. 아이 핸드폰 번호를 바꾸고, 마구 야단을 쳐서 눈물을 쏙 빼놓긴 했는데 도대체 얘가 뭐가 되려고 이러는지. 딸 가진 엄마 맘이 다 그렇지 않나요? 혹시라도 잘못될까봐.

자, 그럼 터놓고 대화해 볼까요?

◆ 우리 엄만 너무 답답해

하하, 아람이가 남자 친구가 있는 친구들이 너무 부럽군요? 풋풋한 나이에 당연한 마음인 것 같아요. 서로 알콩달콩 만나서 즐거운 시간도 보내고 좋은 마음도 나누고, 얼마나 행복할까요? 아람이가 꿈꾸는 이성교제도 그런 것이죠? 그런 아름다운 경험을 아람이를 사랑하는 엄마가 왜 그리 못하게 하시는 걸까요? 엄마 때와는 세상도 바뀌었는데 말이에요. 과거에는 여중, 여고로 나누어진 학교가 더 많았고 청소년기에 이성교제를 하는 것이 드문 일이었지만, 지금은 쉽게 이성 친구를 만나곤 하지요? 엄마가 고지식하게 아람이를 옛날 사고방식에 맞춰서 억압하려고 하시는 걸까요?

◆ 세상이 바뀌었다

맞아요. 아람이 말대로 요새는 세상이 바뀌었어요. 서로 이성으로 사귀기 시작하는 나이도 빨라졌고, 서로 사귀면서 성적인 표현을 하는 수위도 높아졌어요. 스마트폰이나 인터넷을 통해 성에 노출되는 나이가 점점 낮아지고 있구요. 초등학교 4학년 딸 아이를 둔 어떤 엄마는 어느날 경찰에게 전화를 받았어요. 딸 아이가 SNS에서 잘 알지도 못하는 사람의 꼬임에 빠져 보낸 사진이 아동 포르

노로 유포되고 있다는 내용이었어요. 엄마는 별 생각 없이 스마트폰을 사 주고 제대로 아이를 살피지 않은 것에 눈물을 흘렸어요. 아이가 상처받은 것도 말할 것도 없고요.

◆ 험한 세상

별 생각 없이 동성으로 가장한 성인 남자에게 몸 사진을 보내 협박을 당하는 초등학교 여학생도 있고, 아는 오빠들과 어울리다가 집단 성폭행을 당한 여학생도 있어요. 또 가출한 여중생이 성매매를 강요받다 살해당하고, 열일곱 여학생이 산부인과에 엄마와 같이 가서 낙태 수술을 받다가 사망하기도 해요. 그 여학생들이 처음부터 이런 나쁜 상황들을 상상이나 했을까요? 처음에는 다 아람이처럼 예쁘고 아름다운 이성 교제를 꿈꾸었을 거예요. 하지만 실제 상황은 꿈과 다른 경우가 많아요. 아직 판단력이 완전하지 않고 자기 조절이 잘 되지 않는 청소년기에는 성과 관련된 사건, 사고도 많이 일어난답니다. 엄마가 걱정하는 것은 바로 그런 것들이에요. 아이들을 유혹하고 나쁘게 이용하려는 사람들이 많기 때문이죠. 그렇기 때문에 엄마들이 아이들을 단속하는 거예요. 만약 어린 아이가 흥이 나서 놀다가 찻길에 뛰어든다면 부모는 어떻게 해야 할까요? 아이에게 주의를 주며 따끔하게 야단을 치고 얼마나 차가 무서운지, 또 다칠 수도 있다는 걸 가르쳐야하겠죠?

◆ 사랑의 책임

여학생들이 꿈꾸는 이성교제와 남학생들이 꿈꾸는 이성교제는 목적이 다른 경우도 많이 있어요. 여학생들은 부드럽게 안아주고 대화를 나누는 그런 상호작용을 원하지만, 남학생들은 여학생들의 몸을 만지거나 성적인 짜릿함을 원하는 경우가 많습니다. 세상에는 내가 원하는 것만 얻는 상호작용은 없답니다. 만약 남학생을 만나고 이성 교제를 하면 그 뒤에 따를 많은 성적인 경험과 책임감에 대해서 확실히 알아야 해요. 홍수와 화재가 무서운 것만큼 '성'의 힘도 무섭다는 것을 알아야하고요. 이성으로 제어가 되지 않는 엄청난 힘이 있거든요. 멋지게 드라이브를 하고 싶은데 운전 법규를 잘 모르거나, 차가 얼마나 속력을 낼 수 있고 사람을 다치게 할 수 있는지를 모르고 운전대를 잡는 것처럼 바보 같은 일이지요.

◆ 엄마는 용감하다

한번 생각해 봐요. 혹시라도 여러분의 신변에 위험이 생겼을 때 누구와 상의할 수 있죠? 누가 나를 위해 진심으로 눈물을 흘리거나 안전하게 지켜주려 하고, 또 상처를 다독여 줄까요? 바로 부모님이에요. 엄마는 내가 곤경에 빠지거나 어려움을 겪을 때 누구보다 내 편에서 걱정하고 지켜줄 분입니다. 착하고 순진한 자식을 지켜주고 싶은 엄마 마음을 이제 이해할 수 있겠어요? 나를 가장 사랑하는 사람인 엄마가 왜 그렇게 이성 교제를 반대할까요? 바로 그런 위험성 때문이랍니다.

◆ 혹시나 있을 수 있는

부모님은 성과 관련된 동영상이나 사진, 소문이 유포되면 여성으로서 불이익이 많다는 걸 경험하고 교육받은 세대이기도 하고, 가장 상처 받는 사람이 여자라고 생각하시기 때문이에요. 그래서 엄마가 아는 가장 안전하고 좋은 방법으로 자식을 지켜주고 싶으신 거죠. 혹시라도 있을 수 있는 여성으로서 상처받을 수 있는 일들을 좀 더 감당할 수 있는 어른이 되었을 때, 스스로를 책임질만한 나이에 하도록 지키고 싶은 엄마 마음을 이해해 보세요.

◆ 책임질 수 있는 성

성은 아주 개인적이고 비밀스러운 일이어서 부모 자식 간에도 서로 이야기하기 어려운 주제입니다. 자신의 모든 성적인 활동을 부모가 알고 있고, 항상 지켜보고 간섭하고 있다고 생각하면 과연 건강한 성 발달이 될 수 있을까요? 부모님의 성생활에 대해 자녀가 잘 알 수 없고 알 필요도 없으며 알아서도 안 되듯이, 자녀들의 성도 존중받아야하고 청소년기를 거치면서 스스로 책임지는 능력을 길러야합니다.

엄마, 이제 저도 다 컸어요.

어느 날 아이가 진지하게 이런 말을 했을 때 갑자기 현실감이 들면서, 더 이상 어린 아이가 아니라는 것을 확 느꼈다는 부모님이 계세요. 이렇듯 진지하게 책임감 있는 말과 행동을 보여 보세요.

◆ 나를 지킬 수 있는 힘

여러분도 이제 필요할 때 정확한 선을 그을 수 있는 자신감과 단호함을 키워야 합니다. 자신을 지키고 건강하고 행복하게 살 수 있는 능력이 있다면 엄마도 안심하실 거예요. 아람이에게 엄마가 바라는 것은 바로 건강하고 행복하게 잘 사는 거예요. 그러기 위해서는 지금은 아람이가 이성 친구를 사귀는 게 위험할 수 있다고 생각하시는 거죠.

엄마는 내가 하고 싶은 것을 못하게만 하는 고리타분한 사람이 아니라, 아무에게도 말하지 못할 비밀이 생기고 고민에 빠졌을 때도 나를 잘 도와주고 지켜줄 사람이라는 걸 이젠 알죠? 부디 엄마의 사랑을 헤아려 봐요. 그리고 엄마한테 이렇게 이야기해 보세요.

◆ 저를 믿으셔도 돼요

 엄마, 저를 사랑하고 안전하게 지키시려는 것도 알겠어요.
제가 저 스스로를 사랑하며 잘 지키고
건강한 사람이 되도록 노력할게요.

이성 교제를 반대하는 엄마에게 화를 내기보다, 이렇게 성숙한 말을 하기 시작할 때 엄마는 여러분을 점차 믿으시게 됩니다. 그리고 엄마가 너무 보수적이고 불안한 생각이셨다면 점차 마음이 더 열리게 되겠지요?

이해하죠? 내가 원하는 것을 얻기 위해서 무조건 화를 내고 떼쓰지 말고, 성숙하게 행동할수록 더 행복한 일이 많이 생긴다는 걸요.

시험 때문에 스트레스인데
더 잘하라고만 해요

시험 볼 때마다 긴장을 너무 많이 해요. 수학시험 볼 때 머리가 하얗게 되고 아무 생각도 안 나더라구요. 손이 떨리고 시험지 글자가 잘 안 읽히기도 하고요. 엄마가 또 성적 때문에 실망스런 얼굴로 잔소리할 것도 무섭고 속상해요. 엄마를 생각하면 더 불안해져요. 한 번도 우리 엄마는 저한테 잘했다, 수고했다 이런 말을 한 적이 없어요. 자꾸 더 잘하라고만 하죠.   – 고1 혜리

아이의
속마음

부모의
속마음

애가 고생하는 것 저도 알죠. 그런데 자꾸 나태해질까봐 자꾸 더 잘하라고 강하게 이야기하는 것 같아요. 솔직히 더 잘했으면 하는 생각이 많거든요.

자, 그럼 터놓고 대화해 볼까요?

혜리가 힘든 시간을 보내고 있군요. 시험불안이 있으면 시험 자체가 고역인데다가, 능력발휘를 잘 못하게 돼요. 자존감이 낮아지고 우울해지기도 하구요. 그러면 공부하기도 힘들어져서 시험 성적도 좋지 않고, 더 불안해지겠죠? 자꾸 이런 일들의 악순환이 되지 않도록 오늘 함께 문제를 풀어봅시다.

◆ 신이 엄마를 보내다

엄마를 생각하면 더 불안해진다고요?

'신이 한 사람, 한 사람을 다 돌보기가 어려워 엄마를 보냈다' 라는 말이 있어요. 발가벗은 아가들을 청소년이 되도록 먹이고, 입히고, 안아주며 키운 것은 바로 부모님이에요. 때론 혼내기도 하고 야단도 치지만 부모님이 주는 따뜻함은 훨씬 많답니다. 하지만 많은 청소년들이 엄마의 이미지를 왜곡되게 갖고 있어요. 좋은 모습보다 나쁜 모습을 더 많이 기억하는 거죠.

◆ 하지만 신이 아닌 부모

신이 부모를 보냈다고 했지만 부모들은 신처럼 완전하지 않답니다. 실수도 하고, 잘못된 판단을 하거나 감정적일 수 있어요.

부모님이 화내거나 야단칠 때 서럽고 화가 나기도 했을 거예요. 하지만 부모님이 주신 것을 떠올려 봐요. 맛있는 것을 만들어 주시고 안아주며 웃어줄 때도 분명히 있었어요. 기억해야할 것은 제대로 기억하지 않고, 힘 빠지는 것들만 기억하면 나 자신이 불행하고 힘들어집니다.

◆ 부모 곁을 떠나다

청소년들은 훗날 부모의 곁을 떠나서 몸과 마음속에 부모의 이미지를 간직하며 살아가게 됩니다. 그 상을 긍정적으로 간직하는 것은 자녀들이 해야 할 과제랍니다. 부모 손에서 자라지 못하고 부모님의 얼굴조차 알지 못하는 경우도 있어요. 하지만 분명한 사실은 부모님이 계시다는 거예요. 청소년이 되고 어른이 된다는 것은 그 사실을 간직하고 이제 혼자 살아가야하는 단계로 가는 과정입니다. 엄마와 분리하지 못하고 엄마를 생각하면 힘들어지는 것은 풀이야 할 숙제랍니다.

◆ 엄마의 얼굴

많은 사람들이 눈을 감고 엄마 얼굴을 떠올리면 웃는 표정이 아니라 무표정이거나 짜증내는 얼굴, 화난 얼굴, 힘들어하는 모습이

떠오른다고 말을 해요. 우리가 살아가다보면 힘들고 어려운 일이 생기곤 해요. 그럴 때 우리가 힘을 내고 앞으로 나갈 힘을 얻으려면 어딘가에서 힘을 받아야 해요. 불안하고 힘들 때 아가들은 모두 엄마 뒤로 숨어요. 자라서 어른이 되면 엄마와 떨어져 많은 일들을 혼자서 해 나갈 수 있게 되지만, 그래도 힘들 때는 누군가로부터 위로받고 힘을 얻기를 원하죠. 그럴 때 엄마의 웃는 얼굴을 간직하고 떠올릴 수 있다면 얼마나 좋을까요? 엄마는 우리가 갖고 있는 자신의 또다른 이미지랍니다.

◆ 좋은 엄마 이미지 간직하기

혜리 엄마도 실망스러운 얼굴을 하기도 하지만, 혜리를 향해서 활짝 웃고 칭찬해 주는 때가 반드시 있었을 거예요. 사진 속에 있는 엄마의 웃는 얼굴을 떠올려 보세요.

이렇게 엄마의 웃는 얼굴을 떠올리기가 쉬워졌다면 이제 엄마의 좋은 냄새, 다정한 말 한마디, 그리고 부드러운 품의 감촉도 한번 상상해 봐요.

이렇게 웃는 얼굴의 이미지에 엄마의 좋은 기억을 합쳐서 기억하게 되면, 이제 여러분은 세상을 살아가는데 충분한 힘을 얻게 될 거예요. 이렇게 우리 안에 있는 엄마의 이미지를 바꾸는 것은 우리가 건강하고 행복하게 살아가는데 도움이 된답니다.

◆ 소통의 기본이 되는 내면의 상 바꾸기

이런 이미지를 간직하는 것은 엄마와의 대화와 소통을 매끄럽게 하는데도 매우 중요해요.

대화는 말이 아니라 자기 안에 있는 한 사람을 바라보는 관점에서 시작하니까요. 마음이 움츠러들지 않고 열린 상태에서 에너지를 주고받을 수 있는 단계가 바로 대화의 첫걸음이거든요. 이런 과정이 충분히 잘 되면 여러분의 마음도 점차 부드러워지고 편안해질 거예요. 그럴 때 엄마한테 이렇게 이야기해 보세요.

◆ 엄마랑 대화하기

엄마, 제가 시험을 잘보고 공부도 잘해서 좋은 대학에 가는 것을 원하시죠? 제가 원하는 것하고 엄마가 원하는 게 똑같은 것 같아요. (엄마와 같은 편 되기)

엄마가 저를 위해서 많이 애쓰시고 걱정하는 것을 알아요. 그래서 감사하고 저도 엄마를 기쁘게 해드리고 싶어요.
(엄마가 해 주신 것에 대해 감사하기)

그런데 엄마, 사실은 시험 볼 때 너무 불안해서 제가 공부한 것만큼 실력 발휘를 못한 것 같아 많이 속상해요.
(고민하는 문제의 본질을 솔직하게 이야기하기)

아는 선생님한테 조언을 들으니까 엄마 웃는 얼굴을 잘 떠올리면 도움이 된대요. 엄마, 제가 어디에서든지 능력을 잘 발휘할 수 있도록 절 응원해 주시고, 저한테 웃는 얼굴을 많이 보여주세요. 그러면 더 힘이 나서 잘할 수 있을 것 같아요.

(엄마에게 부탁하기)

 저도 더 힘내서 노력해 볼게요!

(긍정적으로 내가 할 일과 내 결심 이야기하기)

엄마, 아빠 저를 위해 기도해 주세요!

걱정이 많은 부모님들이 있죠? "더 잘되어야 하는데..." 하면서 불안해하시고, 자꾸 잔소리를 하시죠? 부모님의 걱정 어린 말은, 여러분이 더 좋은 쪽으로 되게 하려고 방향을 잡아주려는 내용이 대부분이에요. 부모님은 자식들을 생각해서 하는 말이지만 여러분 입장에서는 정말 듣기 거북하고 불편할 수 있어요. 나도 잘 안 되서 불안하고 속상한데, 그걸 부모님이 건드리니 화가 나서 욱하고 대들기도 해요. 그러고 나면 하루 종일 기분이 안 좋아 씩씩대거나, 부모님에게 서운한 마음이 들죠. 부모님께서 이런 말을 하실 때 반박하려고 하면 싸우게 되거나 더 기분이 나빠질 수 있어요. 그럴 땐 이렇게 말씀드려 봐요.

"엄마, 아빠 저를 위해 기도해주세요!"
(종교와 상관없습니다. 옛날 우리 엄마들이 정화수를 떠놓고 빌었던 것을 생각해 봐요. 또 모든 부모의 마음은 자식들을 위해 기도하는 심정이라고 하잖아요.)

이 말은 무척 효과가 있어요. 부모님의 시선을 내가 아닌 '보이지 않는 좋은 힘'에게로 돌리는 말이기 때문이에요. 내가 잘 안 되는 부분을 인정하고 잘하겠다는 말이기도 하고요. 부모님과 대적하지 않고 나와 같은 편으로 만들어서 관계를 매끄럽게 하고, 내가 가야할 곳을 향해서 스스로 좀 더 자유롭게 노력할 수 있도록 도와주는 말입니다.

화장하고
교복치마를 줄이고 싶은데
못하게만 해요

조금만 화장을 해도 학교에서 벌점을 받고 혼이 나서 힘든데, 엄마까지 화장하지 말라고 잔소리를 하니까 정말 짜증나요. 치마도 그래요. 다른 집 엄마들은 세탁소 가서 알아서 줄여 주기도 한다는데, 우리 엄마는 절대 안 된대요. 그래서 허리를 걷어서 입는데 정말 폼이 안 나서 기분 나빠요. 그거 신경 쓰느라 공부하기도 힘든데 그게 그렇게 힘든 일인가요?　　　　－ 중2 소윤

아이의
속마음

부모의
속마음

그냥 순수한 게 제일 예쁜데 왜 자꾸 화장을 하려고 하는지 정말 모르겠어요. 게다가 학교 교칙에도 어긋나서 자꾸 벌점을 받고, 얼마 전에는 선생님한테 전화까지 왔어요. 그렇게 야단맞으면서까지 꼭 화장을 하고 치마를 줄여야하는지 정말 화가 납니다.

자, 그럼 터놓고 대화해 볼까요?

한창 멋을 낼 나이네요. 그렇죠? 미의 기준이 다르니까 엄마 세대
와 충돌이 있는 것도 당연해요. 많이 괴롭긴 하겠어요. 학교에서 정
해진 규칙 때문에 선생님들한테 야단을 맞아야하고, 또 부모님한테
도 잔소리를 들어야하니까요.

◆ 내 맘대로 할 거야!

항상 인생은 선택인 것 같아요. 나의 행복을 위해서 내가 원하
지만 참아야하는 것이 있고, 하기 싫지만 해야 하는 일이 생기는 게
인생이니까요. 되도록 내가 원하는 것이지만 사회가 인정하는 방
향으로 어느 정도 타협을 봐야할 때가 있어요. 그리고 하기 싫은 일
도 즐겁게 생각하고 해 내면서 버티는 것도 필요하고요. 멋을 내고
싶은 소윤이의 마음과, 학교의 규칙과 집에서 허용하는 것이 너무
큰 차이가 있다면 소윤이의 삶은 많이 고달파지고 힘들어집니다.
그것을 감당하고라도 화장을 하고 치마를 짧게 입는 선택을 한다
면, 내가 진정 원하는 것이 무엇인지 고민을 해 볼 필요는 있어요.

◆ 정말 멋있어지려면?

소윤이가 정말로 원하는 것은 예쁘고, 폼나고, 멋진 스타일을 가지고 싶은 것 아닌가요? 짧은 치마를 입고 화장을 한 채 걸어가는 학생들의 모습은 어떤가요? 자신감 있고 멋있게 보이나요? 아니면 죄지은 사람처럼 걸음걸이가 주춤주춤하나요? 아무래도 금지된 것을 하다보면 자꾸 뭔가 숨기는 사람처럼 다리를 꼬게 돼요. 그런 식으로 선생님과 부모님의 눈을 피해 부리는 멋은 나를 진정으로 멋지게 만들 수는 없습니다.

◆ 진정한 자신감

화장을 해야만 예쁘고, 내 얼굴은 감추어야하는 것이라고 생각한다면 문제가 있어요. 정말 예쁜 사람들은 민낯도 예쁘다는 걸 알고 있죠? 아무리 화장을 하고 카메라 보정을 해도 본 바탕이 아름답지 않으면 소용없다는 것도요. 민낯도 사랑스럽고 자신감이 있어야 해요. 소윤이가 진짜 자신감이 생기길 바랍니다. 화장을 진하게 한 얼굴이 아닌, 본 얼굴이 정말 예뻐지도록 해 보자고요. 아무것도 치장하지 않아도 반짝반짝 빛날 수 있도록요.

몸에 중심이 서있고 균형이 맞으면, 촌스러운 옷을 입어도 스타일이 나요. 하지만 자신감 없는 태도와 구부정한 등은 어떤 옷을 입어도 멋있지 않아요. 그러려면 복부 근육을 키우고 중심을 잡는 것을 강추합니다. 평상시에도 골반을 바로 해서 삐딱하게 서지 않고, 복부를 잡아당겨 가슴을 펴도록 해요. 턱을 약간 잡아당기면서 뒷목을 세우면 얼굴도 작아 보이고 얼굴빛도 밝아진답니다. 입꼬리를 약간 올리고, 코로 밝은 숨을 쉬면서 얼굴에 미소를 띄우면 더욱 예쁘게 보일거예요.

◆ 청순미가 제일!

비슷한 문제를 가진 엄마와 딸이 모 프로그램에 나와서 사연을 이야기하고 방청객들이 판정을 했어요. 정말 소윤이 사연과 거의 비슷해요. 그런데 특히 젊은 남성들의 이야기는, 화장을 하지 않는 청순미가 제일이라는 거였어요. 화장을 한 얼굴보다 청순하게 맑은 민낯이 더 아름답기 때문에 다른 사람들, 또는 이성에게도 어필할 수 있다는 거예요. 어른들 눈에는 말할 것도 없구요.

◆ 멋져 보이고 싶어서

 엄마, 제가 한창 멋 낼 때라는 것을 아시잖아요?

제 눈에는 화장을 하고 치마가 짧은 게 제일 예뻐 보여서

그러는 거예요.

근데 여기저기서 잔소리를 너무 많이 들어서 그것도

참 힘들어요. 엄마도 속상해 하시고 저도 야단맞으면

기분이 안 좋고 기도 죽어서 싫어요.

그런데 그렇게 꾸며봤자 폼도 안 나니까

이제 학교하고 부모님이 원하는 대로 좀 맞춰가려고요.

저도 조금씩 노력해 볼게요.

피해 다니지만 말고 엄마와 직접 이렇게 이야기하면서 풀어나간

다면 소윤이의 자신감도 점점 더 올라가게 될 겁니다.

진로 문제로
말이 안 통해요

저는 공부는 아닌 것 같고요. 다른 기술을 배우면 좋겠는데 엄마, 아빠는 큰일 날 소리를 한다면서 무조건 공부를 하라고 해요. 저는 답답해 죽겠어요. 학교도 재미가 없고. 미용 쪽에 좀 관심이 있긴 한데 그쪽으로 막상 뭔가 하려면 겁이 나서 주저앉게 돼요. 엄마, 아빠가 용기를 좀 주었으면 좋겠는데 그냥 공부만 하라고 하니 답답해요.

아이의
속마음

"남자가 무슨 미용이냐", "그게 얼마나 힘든데 아무나 하는 건 줄 아냐?"라고 하면서요.

사실 엄마, 아빠 두 분 다 좋은 학교를 나오셨고 좋은 직업을 가졌어요. 그래서 항상 최고가 돼야 한다는 말만 하세요. 말이 안 통해서 답답해요.　　　　　　　　　　　　　- 고1 예승

부모의
속마음

물려준 건 그래도 머리 밖에 없는 것 같은데 저렇게 공부를 안 하네요. 고등학교에 가면 좀 달라지려나 했는데 그것도 아닌가 봐요. 한숨이 나네요. 저희 부부가 좋은 학교를 나와서 그마나 이렇게 생활을 유지하고 사는 건데. 다른 쪽 일은 잘 알지도 못하겠고, 안전한 길로 가지 않고 왜 저러는 걸까요? 남자애들은 마음만 먹으면 성적이 많이 오르는 아이들도 있다고 하는데 얘는 그런 헝그리 정신이 없네요.

자, 그럼 터놓고 대화해 볼까요?

그렇군요. 많이 답답한 상황이에요. 공부하는 길이 안전하고 좋다
는 건 알고 있지만 공부가 잘 되지 않고 적성에도 안 맞는 것 같은
데다가, 지금은 열심히 할 수 없는 상황인데 부모님들은 계속 밀어
붙이시기만 하니까 많이 힘들 거예요.

◆ 어디로 가야하나

많은 청소년들이 부모님이 생각하는 안정된 직업과, 자신이 하
고 싶은 일 사이에서 갈등을 겪어요. 예승이처럼 무언가를 하고 싶
어 하는데 부모님이 못하게 해서 고민인 경우도 있지만, 아무것도
하고 싶은 일이 없어서 방황을 하기도 해요. 다양한 경험을 해 보
고, 여러 가지 정보에 몸과 마음이 열려 있을 때 자기에게 맞는 길
을 찾기도 쉽죠. 그런데 우리나라의 현실상 청소년들은 계속 책상
앞에 앉아만 있다 보니 아무 생각이 없는 경우도 많지요. 그래서 자
꾸 학교 밖에서 봉사활동에 참여해 보고 다양한 사람들을 만나보는
게 좋아요.

◆ 사람을 위한 일

어떤 직업이든 모두 사람들을 위한 것이라는 걸 알고 있죠? 제조 업이든, 서비스업이든, 예술인이든, 모든 직업은 넓게 생각하면 다른 사람들의 건강과 행복을 위해서 돕는 일이랍니다. 그래서 직업을 정한다는 것은 돈만 버는 것이 아니라, 다른 사람과 관계를 맺고 돕겠다는 마음가짐이 먼저 있어야 해요. 그런 마음가짐을 가지고 일할 때 어떤 직업을 갖든지 빛나고 행복하게 성공할 수 있답니다.

◆ 안전한 길이 최고

엄마, 아빠는 자녀가 본인들이 아는 한 가장 안전하고 좋은 길로 가길 원합니다. 공부하는 길이 가장 안전하며 행복하게 할 거라고 믿으시는 거죠. 지금은 21세기이고 과거와는 전혀 다른 세상이 되었어요. 미용을 바라보는 시선도 과거와는 완전 다르지요. 하지만 1900년대에 태어나고 자랐던 부모님들은 아직도 옛날 사고방식을 가지고 계셔요. 그렇게 성장하셨고 또 아직 그런 사고방식으로 살고 계시기 때문에(물론 급변하는 사회 속에서 바뀌어 가고 계시긴 하지만), 아이들도 그렇게 성장해야 좋다고 믿으시는 거지요. 그런 사랑이 변화하려면 부모님들도 큰 결심과 시간이 필요해요.

◆ 자식 잘되기 바라는 마음

노벨문학상을 수상한 터키 작가 오르한 파묵의 자서전『이스탄불』을 보면 이런 구절이 나와요. 돈 잘 버는 안정된 직업을 가져야 한다는 부모님의 교육 등쌀에 건축학과에 진학한 파묵이 학교를 그만두고 화가가 된다고 했을 때 엄마가 하셨던 말입니다.

만약 파묵이 번듯한 직업을 가지지 못하고 화가가 된다면, 부자들을 동경하는 불안한 사람이 되거나 비참한 사람이 될 거라고요.

저는 이 구절을 읽으면서 깜짝 놀랐어요. 1970년대를 살아가던 터키 엄마가 한 말인데 정말 한국 엄마들과 비슷한 사고방식 아닌가요? 어느 나라건 부모들의 마음은 비슷하다고 생각했어요. 아이들의 안전과 성공, 그리고 행복한 삶을 바라는 부모들은 자신이 생각하는 가장 안전한 직업을 자녀들이 갖기를 원합니다. 노벨상을 수상할 정도로 문학적인 재능이 있는 아들이지만, 예술가가 된다며 대학교를 그만둔다고 하니 너무 불안하고 받아들이기 힘들어 하는 거죠.

◆ 어떻게 내 길을 갈 것인가?

그런데 오르한 파묵이 나중에 작가로 성공한 것은, 어머니의 불안 섞인 잔소리에 좌절하기보다, 자기가 하고 싶어 하는 것을 열심히 하면서 앞으로 나아갔기 때문이에요. 부모님과 싸우기만 한 게 아니라 묵묵히 힘들어도 자기 길을 간 거죠.

여러분의 삶도 편치 않고 힘든 게 많죠? 여러분에게 가장 필요한 것은 힘든 것을 이겨내고 앞으로 나아가려고 하는 자신의 의지예요. 편한 것 또는 안전한 것만 하려고 한다면 세상에는 공부도, 그 어떤 일도 할 수가 없답니다. 무엇이든 하려고 하는 의지, 그리고 내 삶을 열심히 살아가려고 하는 마음을 강하게 먹어봅시다.

◆ 힘들어도 갈 거야!

일단 미용에 대해서 필요한 자료를 전부 찾아보세요. 어디서 무슨 기술을 익혀야하고, 어디에서 얼마만큼 시간을 써야하고, 언제부터 시작하면 좋을지도 말이에요.

잘 알지도 못하면서 말만 하는 것은 헛된 꿈이나 회피에 불과하다는 것을 알고 있죠? 부모님도 미용에 대해서는 잘 알지 못하실 테니까, 일단 스스로 정보를 찾아보세요. 이미 그 길을 걸어가는 선배들도 만나보면서 그 분야가 어떤 분야인지 충분히 알아야 해요. 그리고 일하면서 힘든 점이 무엇인지 알더라도 계속 하고 싶은지를 스스로에게 물어야 해요. 독한 파마 약에 손이 부르트고, 상사나 손님에게 야단을 맞거나 수모를 당해도 참아내면서 일을 배우겠다는 의지가 생겨야 해요.

◆ 체력이 우선

그리고 어떤 직업이든, 특히 미용이라면 더더욱 체력이 중요하겠죠? 무기력하게 생활하거나 하루 종일 컴퓨터 앞에 앉아 있는 모습으로는 부모님을 설득하기 어려워요. 부모님이 "네가 무슨 미용이냐?"고 했을 때 생각하신 또 하나의 걱정은, 오랫동안 서서 움직여야하는 체력에 대한 것이기도 해요. 지금과는 다른 예승이의 모습을 부모님께 보여드리세요. 아침마다 일찍 일어나 동네 한 바퀴를 뛰고 오고, 저녁에도 체력단련을 해 봐요. 진정한 설득을 하려면 자신부터 달라져야합니다. 공부하는 게 귀찮아서 허황된 꿈을 꾸는 것이라는 부모님의 걱정을 먼저 없애드려야 해요. 다른 사람을 설득하려면 상대방을 비난하거나, 무조건 반기를 들고 화를 내서는 안 된다는 걸 알고 있죠? 부모님의 마음을 움직이려면 부모님이 나를 믿고 안심할 수 있도록 내가 먼저 힘이 생겨야 해요. 달라진 모습과 함께 힘을 비축한 뒤에 부모님께 이렇게 이야기를 해 보세요.

◆ 가슴 뛰는 삶을 살게요

엄마, 아빠, 제가 행복하게 존경받으면서
잘 살기 원하신다는 걸 잘 알고 있어요.
저는 제 가슴을 뛰게 하는 일을 하면서
행복하게 살고 싶어요.
적어도 지금은 공부에 흥미가 없어요.
그런데 미용은 제가 한번 도전해 보고 싶은 분야예요.
물론 그 길도 쉽지 않다는 것을 알고 있어요.
하지만 한번 꼭 도전해 보고 싶어요.

부모님이 무엇을 걱정하시는 지도 잘 알아요.
제 나름대로 계획하고 공부하고 있는 중이에요.
열심히 살아서 다른 사람들에게도
존경받는 사람이 될게요.

부모님이 원하는 것과 여러분이 원하는 것은 결국 같은 것이에요. 바로 여러분의 건강과 행복이죠. 그렇기 때문에 부모님은 여러분의 진정성을 보면서 마음이 조금씩 움직일 거예요.

힘든 일이 무엇이 되었든 간에 피하지 않겠다는 강한 결심이 먼저라는 걸 기억해요!

직업에서 성공하려면?

모든 사람이 공부를 잘할 수는 없지만, 모든 사람이 행복할 수는 있답니다. 어떤 직업을 갖든지 다른 사람과 즐거운 관계를 맺고 서로 웃을 수 있다면 그 사람은 행복합니다. 아무리 잘나고 성취를 많이 했어도, 다른 사람과 관계가 좋지 않은 사람은 행복하기 어려워요. 다른 사람과 좋은 관계를 맺는다는 건 간단히 말해서 '서로 바라보며 웃을 수 있는 관계'를 맺는 것입니다. '나'라는 가게에 오는 고객을 즐겁고 웃음 짓게 하면 더 자주 오게 되고, 점점 더 고객이 늘 거예요. 여러분이 나중에 결혼을 해서 새로 꾸리는 가족들, 그리고 직업을 갖은 후에 만나는 사람들과 이렇게 웃고 살 수 있다면 얼마나 좋을까요? 이 모든 것의 바탕은 바로 엄마, 아빠와 함께 웃는 것에서 시작합니다. 부모님은 여러분이 조금만 어리광을 피우거나 재롱을 부려도 웃습니다. 여러분이 아주 어릴 때부터 맺었던 관계가 그 속에 숨어 있으니까요. 여러분, 행복하고 싶나요? 성공하고 싶나요? 먼저 부모님을 웃게 만드세요!

자꾸 자신감이 떨어져서
부모님께 죄송해요

저는 다른 사람들이 부러워하는 좋은 고등학교에 진학했어요. 한 학기를 보냈는데, 우울하고 무기력한 느낌이 많이 들어요. 중학교에서는 저를 모르는 아이들이 없었고 공부도, 운동도, 노래도 다 잘해서 저를 부러워하는 아이들이 많았어요.
좋은 학교에 왔으니까 내신 성적이 떨어질 거라 예상은 했는데, 성적이 너무 안 좋아요. 지금은 학교생활이 답답하고 자꾸 주눅이 들고 마음이 불편해져요. 마음이 조급해지니까 자꾸 화를 내게 되고, 엄마, 아빠한테 전학가고 싶다고 했는데 안 된다고 하니 자꾸 충돌이 생겨요.　　　　　　　　　　　- 고1 희수

아이의
속마음

부모의
속마음

우리 희수는 모범 아들이었어요. 공부를 아주 열심히 하지 않아도 늘 전교 상위권 성적에, 잘생긴 외모와 서글서글한 성격까지 갖춰서 큰소리 한 번 낼 필요가 없는 착한 아들이었죠. 그런데 고1을 보내면서 아이가 달라졌어요. 특목고에 들어갈 때만 해도 세상을 다 얻은 것 같았는데, 너무 힘들어하는 아이를 보니까 마음이 정말 딱해요. 자꾸 짜증이 많아지고 감정적으로 예민해지는 것 같아 걱정이에요. 성적도 여기서 이정도면 괜찮다고 자꾸 위로를 해 주는데도, 아이는 자기가 기대한 것에 못 미치니 만족을 못하네요. 자꾸 전학을 보내달라는데 어떻게 해야 할 지.

자, 그럼 터놓고 대화해 볼까요?

◆ 내가 누군지 다시 깨닫기

힘든 시간을 보내고 있군요. 자신감이 떨어지면 기가 죽어서 에너지가 밖으로 펼쳐지지 못하고, 말도 웅얼거리며 하게 됩니다. 힘든 시간이 길어지면 자신이 누군지에 대한 생각이 왜곡되고, 자기 자신의 한계를 긋고 작아지게 돼요. 왕자인데 거지 행색으로 오래 살면 스스로 왕자였던 것을 잊어버리고 거지 행동을 하면서 살게 되는 것과 같아요.

여러분은 다시 자신이 얼마나 큰 사람인지 알아야 해요. 여기서 크다는 것은(남보다 뛰어나고 잘났다는 것이 아니고) 자신과 다른 사람을 행복하게 할 만한 에너지를 가진 사람이라는 것이에요.

◆ 어디로 가야하지?

어느 곳이든 희수의 몸과 마음이 편하고 또 기를 펼 수 있는 곳이 좋아요. 만약 어떤 장소에 갔을 때 자꾸 기가 죽는다면 무엇이 문제인지 살펴보고, 그곳에서 기를 펼 수 있도록 기를 살리는 방법을 써야 해요.

희수처럼 특목고에 진학해서 힘들어 하다가 전학을 고민하는 경우를 보곤 해요. 고민하다가 원래 학교에서 잘 적응해서 성공하기도 하고, 전학을 가서 안정을 찾고 잘되기도 하기 때문에 꼭 어떤 길이 좋은 길이라 말하기는 힘들어요. 그런데 중요한 것은 바로 '내가 결정하고 내 결정에 책임을 지는 것'이에요.

◆ 내가 선택하고 책임 진다

하나를 선택하면 다른 하나를 놓아야 하고, 또 다른 하나를 선택하면 다른 하나를 놓아야만 해요. 무엇을 선택하든 그 결과에 대해서는 내가 책임진다는 마음을 가져야 해요. 왜냐하면 다른 사람이 선택해 주기를 바라거나 다른 사람의 선택을 따르면, 나중에 그 결과에 대해 다른 사람 탓을 할 수 있어서예요.

◆ 어느 곳으로 가든 나는 잘 된다

살다보면 미래를 알 수 없어 불안감을 느끼고 어떻게 해야 할지 막막할 때가 많이 있어요. 이럴 때 미래는 잘 모르지만 '어느 곳으로 가든 나는 잘 된다'는 믿음을 갖도록 해 봅시다.

그렇게 되는 건,

첫째, 내가 그걸 원하기 때문이고

둘째, 나를 도와주는 보이지 않는 큰 힘이 있기 때문이에요.

이 말을 소리내서 한번 따라해 보세요.

◆ 도와주는 힘

좋아지고 싶다고 말은 하지만 정말로 잘되는 걸 원치 않는 경우도 많이 있어요. '내가 해서 잘 될 수 있겠어?'라고 의심하거나, 열심히 했다가 잘 안 되면 실망하니까 그냥 적당히 해 버리는 경우도 있어요.

나를 도와주는 힘이 있다고 믿는 것도 마찬가지예요. 아무도 나를 도울 수 없고 내가 혼자라고 생각하는 건 나를 작게 만들고, 내 안에 있는 생명의 힘을 약하게 만들어요. 우리를 넘어서는 그 힘은 부모님을 통해 여러분을 태어나게 했고 지금도 숨 쉬게 하며, 항상 좋은 길로 이끌고 있답니다. 부모님께 감사할수록 그 힘은 더욱더 자신에게 강하게 작용합니다.

◆ 새지 않는 바가지

어느 집단에서 힘들어서 다른 집단으로 옮겨가더라도 여전히 힘든 경우가 있어요. 바가지가 샐 때 다른 장소로 옮긴다고 해서 멀쩡해지지 않는 것처럼요. 중요한 것은 새는 이유를 알고 바가지를 고치는 것이겠죠? 이 학교에 그대로 있더라도 혹은 전학을 가더라도 제일 중요한 것은 내 몸과 마음을 건강하게 만드는 일이에요. 에너지가 줄줄 새지 않게 희수의 몸과 마음의 바가지를 더 크고 튼튼하게 만들도록 합시다.

◆ 몸 튼튼, 마음 튼튼

몸과 마음의 에너지를 확장하고 기를 펴려면, 일단 몸부터 인식하고 펴야 해요. 선생님이 정신과 의사라는 걸 알고 있죠? '정신'(精神)이라는 말에서 '정'(精)은 몸을, '신'(神)은 마음을 뜻하는 말이에요. 마음과 몸은 서로 붙어 있어서, 마음을 열고 강하게 하려면 몸부터 강하게 해야 해요.

발바닥을 느껴 봐요. 땅을 짚을 때, 발의 한 가운데 있는 오목한 곳이 중심을 잘 잡을 수 있게 발의 균형을 맞춰 봐요. 자신감이 없을수록 단단히 서 있지 못하고 자꾸 흐느적거리거나 휘청거리게 되거든요. 발목 운동을 많이 해 주고, 배를 당기고 엉덩이를 조여서 몸의 중심을 탄탄하게 세워요. 그리고 배와 다리쪽으로 나를 둥글게 둘러싸는 에너지 타이어가 있다고 상상해 봐요. 내가 무엇을 하든지 같이 움직이면서 나를 받쳐 준다고 상상해 보세요.

◆ 긴장 줄이기

그렇게 배와 다리는 탄탄하게 하고, 가슴은 쫙 펴고 어깨에 긴장을 빼요. 긴장을 하면 상체에 힘이 많이 들어가서 하체로 갈 힘이 분산됩니다. 긴장하면 될 일도 안 됩니다. 웅얼거리는 말소리를 밖으로 빼는 훈련도 함께 하면 좋아요. '음' 하는 소리와 함께 얼굴의 진동을 느껴보세요. 그리고 소리가 미간 사이에서 밖으로 던져진다고 상상하면서 소리를 내는 거예요. 숨을 쉬면서 목소리를 크게 밖으로 던지는 훈련을 하고, 머리와 등 뒤, 손끝과 발끝에서 에너지가 나와서 공간을 채운다고 상상해 봐요. 내 생각과 감각, 공간이 확장되면 기가 죽지 않고 쭉 펼 수 있게 됩니다.

몸은 마음을 담는 그릇이에요. 감정적으로 예민하거나 부모님께 신경질을 내는 것도, 몸에 힘이 생기고 컨디션이 좋아지면 줄어들게 돼요. 또 몸이 좋아지는 과정을 돕고 학교에서의 답답한 마음을과 감정적인 예민함을 줄여주는 감정 조절제를 정신건강의학과 전문의와 상담 후 잠시 복용하는 것도 도움이 된다는 걸 기억하고, 필요할 때 도움을 받는 것도 주저하지 마세요.

◆ 부모님이 내 말을 안 들어 줄 때

부모님이 전학 가는 것을 반대하는 것은 부모님의 불안함과 완고함 때문이기도 하지만, 한편으로 그만큼 희수가 이 학교에서 적응할 수 있는 능력이 있다는 것을 믿기 때문이에요. 힘들지만 나가 떨어지지 않고, 버티고 이겨낼 수 있다는 것을 알기 때문이고요. 그런 부모님을 답답해하기보다는 서로 같은 편이 되어서 이 학교에서의 상황을 이겨내는 것을 1차 목표로 해 봅시다.

◆ 포기하지 않고 해 볼게요

부모님께 이렇게 말씀드려 봐요.

엄마, 아빠, 제가 힘들어하고 불안해해서 많이 속상하셨죠? 힘든 시기를 지나고 있지만, 위기는 기회라고 하잖아요. 잘 극복할 수 있게 힘을 내 볼게요.

어느 쪽이든 잘된다는 믿음을 가지고 포기하지 않고 해 볼게요.

이 학교에서 좀 더 노력해 보고, 그래도 안 되면 전학 가는 것을 제가 결정하도록 해 주세요. 제가 선택한 만큼 그 결과는 스스로 책임질 수 있도록 할게요.

잘되면 좋겠어요!

힘이 빠지고, 말이 잘 안 나오거나 말하고 싶지 않은 건 에너지가 줄어들어서 예요. 다른 사람에게 전달할만한 에너지가 없고 '겨우 나 하나 추스를 정도의 에너지'거나, 다른 사람들이 적처럼 느껴질 때죠. 때문에 안전하지 않다고 느껴서 나를 방어하게 되고, 말이 속으로 들어가거나 다른 사람에게 주는 에너지가 작아집니다. 이제는 '에너지를 주는 사람'이 되려고 해 보세요.

대화의 목적은 '재미있게 서로를 살리는 것'입니다. 상대방이 잘 되도록 살려주려면 상대방이 잘되기를 바라는 마음을 가져야해요. 다른 사람에게 좋은 뜻(호의)을 갖는 것이 대화법에는 정말 중요하답니다. 부모님이나 다른 가족들, 친구들이 눈앞에 있다고 상상하면서 이렇게 한번 말해보세요.

"잘되면 좋겠어요!"

누구를 만나든지 이렇게 속으로 이야기해 보세요. 여러분이 점점 더 에너지가 큰 사람이 되는 것을 느낄 수 있을 거예요.

대화 부족,
소통의 어려움

—

◆ PART 05 ◆

엄마랑은
말이
안 통해

나도 모르게
엄마한테만 짜증을 내요

저는 밖에 나가면 상냥하고 발랄한 편이에요. 그런데 집에 오면 엄마한테만 함부로 해요. 이상하게도 자꾸 그렇게 돼요. 저도 안 그래야겠다고 생각하지만, 저만 바라보는 엄마가 부담스럽고 짜증이 나요.

오늘 아침에도 바쁘게 챙겨 나가면서 "엄마, 내 교복 어딨어?" 하고 소리를 지르고, 왜 내 체육복 안 빨아놨냐고 으름장을 놓았어요. 좀 못됐죠? 솔직히 제가 생각해도 좀 너무했다싶긴 한데, 엄마만 보면 그렇게 막말이 나와서 어떡해야할지 모르겠어요. 저 문제 있죠?   - 고1 하연

아이의
속마음

부모의
속마음

어릴 때 그렇게 예뻤던 아이가 이젠 매사에 부정적이고 저를 종 부리듯 해요. 아이의 웃는 얼굴을 한 번만 보면 힘든 게 다 녹아 내리는데, 얘는 저만 보면 인상을 써요. 좋은 말을 해도 자꾸 퉁명 스럽게 반응을 하니 어떻게 아이 마음에 맞춰야할지 모르겠고요. 사춘기가 참 오래도 가네요. 지가 사춘기면 저는 갱년기라구요!

자, 그럼 터놓고 대화해 볼까요?

맞아요. 다른 데서는 안 그러는데 유독 엄마한테만 말과 행동이 까칠하게 나오죠? 텔레비전 광고에서도 나오잖아요. 밖에서는 웃다가 집에 와서 엄마한테 온갖 신경질을 내는 딸의 모습이요. 그런 딸들이 바로 우리의 모습이기 때문에 많이 공감하기도 하죠.

저는 그래도 하연이가 이렇게 마음속을 털어놓으니 대견하게 느껴져요. 자기가 하는 행동에 문제가 있다고 느끼는 순간이 바로 변화의 시작이니까요. 함께 이야기 나누면서 더 좋은 사람이 되도록 노력해 봐요.

◆ **만만한 엄마**

친구들한테 친절한 것은 내가 친구들을 어느정도 어려워하기 때문이에요. 쉽게 말해, 눈치를 보고 그 사람이 어떻게 반응할지 살피는 거죠. 엄마한테 함부로 하는 것은 엄마는 내가 어떻게 해도 다 받아주고, 관계를 끊지 못한다는 것을 알기 때문일 수 있어요. 또한 가지 이유는, 엄마와 나를 제대로 구분하지 못하기 때문이에요. 남이 아니라 '나'의 일부분인 것 같은 생각에 함부로 하는 거죠. 아마도 하연이는 자기 자신에게도 신경질을 내고 있을 거예요. 자신을 진정으로 소중하게 생각하는 사람은 가족에게도 함부로 대할 수가 없어요.

◆ 엄마와 분리하다

나의 행복은 내 주변 사람들과 떨어뜨려 생각할 수 없어요. 친구들이야 만났다 헤어지지만 가족은 매일 만나는 사이기 때문에, 관계가 껄끄러우면 내 삶과 정신이 갈라져 있어서 행복하기가 힘들답니다. 집에서 엄마한테 함부로 하는 자녀들은 자존감이 떨어진답니다. 스스로 이중적이라고 느끼기 때문이죠. 진정으로 자신감이 생기고 아름다워지기 위해서라도 하연이와 같은 행동은 고쳐야겠죠?

◆ 엄마도 '남'이다

엄마를 타인으로 인식하지 못하기 때문에 함부로 하게 된다는 걸 깨달았다면, 이제 엄마를 한번 쳐다보세요. 함께 살면서 엄마 얼굴을 잘 쳐다보지 않는 경우도 많아요. 심지어 눈을 감고 엄마 얼굴을 떠올리려면, 생각이 안 나는 경우도 있답니다. 엄마를 이제 '남'으로 인식해 봅시다. 함부로 하지 않고 함께 상호작용을 할 타인으로 말이죠.

◆ 보이지 않는 힘

집에서 엄마한테 함부로 하는 것은 내 행동을 아무도 보고 있지 않다고 생각하기 때문이기도 해요. 하지만 이제 엄마와 함께 있을 때도 보이지 않는 힘에 대해서 한번 인식해 봐요.

보이지 않는 힘이 뭐냐고요? 우리 마음대로, 생각한대로, 계획한 대로, 또 노력한대로 많은 일들이 달라지는 것은 분명하지만, 꼭 그에 비례하는 것은 아니랍니다. 살다보면 노력도 중요하지만 우리를 넘어선 알 수 없는 힘이 있다는 걸 알게 됩니다. 종교를 믿는 사람은 그걸 '신의 섭리'라고 부를 수도 있겠고, 어떤 사람은 '운'이라고 부르기도 하겠죠. 이제 여러분이 다른 사람과의 대화를 할 때도 항상 우리를 가장 좋은 길로 이끄는 큰 힘을 기억하도록 해 봐요. 그 힘을 긍정적으로 인식하고 행동할 때 우리는 더 크게 보고 더 감사하며, 용기를 얻고, 다른 사람들과도 즐겁게 지낼 수 있어요.

◆ 엄마 칭찬하기

여러분도 칭찬을 받으면 기분이 좋지요?(혹시 칭찬을 받아도 기분이 좋지 않다면 이미 심각한 단계예요. 다른 사람에 대해 마음이 닫히고 자존감이 많이 낮은 상태인 겁니다. 이런 상태에서는 다른 사람이 해 주는 칭찬도 믿지 못해 오해를 하고 제대로 받아들이지 못해요.)

엄마도 마찬가지예요.

엄마, 머리 바꾸셨네요? 예뻐요.

이 한마디에 엄마는 기분이 좋아져요. 이제 여러분은 부모님께 메시지를, 에너지를 전달할 수 있는 나이가 되었어요. 엄마, 아빠보다 어떤 분야에서는 더 많이 알고 똑똑하죠. 그러니, 일상생활에서 부모님께 틈틈이 메시지를 보내보세요. 칭찬 뿐만 아니라 내가 잘 알고 있는 것에 대해 알려드리기도 하고요. 이러면서 점점 대화거리가 늘어나게 된답니다.

 아빠, 메신저를 잘 다루시네요?
계가 SNS하는 법도 알려드릴까요?

 엄마가 골라준 머리띠를 하고 갔더니
친구들이 엄마가 패션감각이 뛰어나다고 부러워 했어요.
역시 엄마는 보는 눈이 있으신가봐요.

부모님을 칭찬하다보면 서로가 행복해져요.

◆ 엄마가 행복하셨으면 좋겠어요

사회성이 좋은 아이들은 꼭 말을 많이 하고 활동적이어서가 아니에요. 자신이 다른 사람과 같이 있을 때 편안함을 느끼고, 애쓰지 않아도 사랑 받고 또 사랑을 줄 수 있다고 느껴요. 어떻게 그런 것이 가능할까요? 바로 적대감이 없어서 긴장감도 없기 때문이죠.

학대를 받았던 아이는 또다시 다른 사람으로부터 혼이 나거나 상처를 입는 건 아닌지, 혹은 무서운 일을 당할 수 있다고 믿게 돼요. 그렇기 때문에 사람들을 만날 때 긴장을 하거나 두려워하고, 또는 적대적으로 느끼고 반응해요. 그렇게 되면 주변사람들도 덩달아서 긴장이 되고, 편치 않다고 느끼거나 불편해지는 거죠. 좋은 소통과 사회성이란 상대방을 편하게 느끼면서부터 시작합니다.

바로 "당신이 행복했으면 좋겠어요. 건강했으면 좋겠어요."

라는 말과 같은 거죠.

여러분이 이런 마음을 갖고 있으면 주위에 평화로운 에너지가 형성됩니다. 그래서 다른 사람도 여러분을 편안하게 느끼죠.

특히 이런 생각으로 다른 사람을 축복하는 사람은 스스로도 그렇게 축복하기 때문에, 자존감이 높을 수밖에 없어요.

◆ 마음속에 긍정나무 키우기

어떻게 하면 행복하게 살 수 있게 하는(긍정적인 말을 잘 쓰는) 긍정 대화법을 몸에 익힐 수 있을까요? 우리 모두의 마음속에는 긍정적이고 넓은 마음과 좁고 부정적인 마음, 두 가지가 숨어 있어요. 어느 쪽에 물을 주고 키우느냐에 따라 그 쪽의 마음 나무가 자라납니다. 부정나무가 크기 시작하면 나의 몸과 마음을 완전히 뒤덮습니다. 한쪽으로 치우치지 않기 위해서 균형이 중요해요. 화가 많이 나거나 공격적인 마음, 파괴하고 싶은 욕구가 끓어오를 때, 어떻게 그쪽으로 확 치우치지 않고 균형을 잡고 앞으로 나갈 것인지 스스로 선택해야 한다는 것을 명심하세요. 그런 선택을 잘 할 수 있도록 '항상 우리를 도와주는 보이지 않는 큰 힘'에게 기도하는 것도 잊지 말고요!

우리 가족은
서로 할 말이 없어요

우리 가족은 서로 말을 안 해요. 다 조용해요. 표정도 별로 없구요. 성격이 원래 다들 내성적이고 말이 없는 거라고 하더라구요. 저도 어렸을 때는 몰랐는데 다른 집에 가 보니까 서로 애정표현도 많이 하고, 즐겁게 이야기도 하던데요? 그런 걸 보니 왜 우리 집은 이렇게 서로 말이 없을까 하고 이상하더라구요. 저는 조용한 성격 때문에 사람들 앞에 잘 나서지 않아요. 발표할 때도 쉽게 얼굴이 빨개지고 목소리가 작다고 지적도 받고, 암튼 소심해요. 그것 때문에 자꾸 손해를 보는 것 같아서 이젠 달라지고 싶어요. 말도 잘하고 활달해지고 싶어요. 저라도 집에서 좀 말을 하고 제 마음을 표현해보고 싶은데, 어색해서 잘 안 돼요. 무슨 방법이 없을까요?
                                                                    - 중2 선우

아이의
속마음

부모의
속마음

원래 제가 말이 없어요. 별로 말을 하지 않고 무표정인데, 집안 내력인지 친정 식구들도 다 그래요. 학창시절에는 전 아무렇지도 않은데 화났냐고 물어보는 친구들도 많았어요. 남편도 조용한 사람이라 그런지, 우리 집은 별로 웃을 일도 없고 다들 데면데면하네요. 우리 세대하고는 달리 요새는 자기 표현을 많이 해야 인정받는 시대라는데 좀 걱정이 돼요.

자, 그럼 터놓고 대화해 볼까요?

◆ 대화가 필요해

예전에 큰 인기를 끌었던 '대화가 필요해' 라는 개그 프로그램이 생각나네요. 서로 쳐다보지 않고 열심히 밥만 먹는다거나, 표정 없는 무뚝뚝한 경상도 아버지가 "(밥)묵자", "아는?" 등의 짧은 질문과 행동만 하는 장면이 나와요. 사람들이 웃음을 터뜨리는 건 바로 그런 긴 대화가 없는 모습들을 자신의 가정에서도 많이 경험하고 있기 때문이에요.

조용하고 말이 없는 성격이 잘못되었다고 말할 수는 없지만, 선우가 달라지기로 마음먹었다면 가족의 대화 스타일을 바꿔보는 것도 의미 있는 일이 될 거예요.

◆ 타고난 조용함

청각적으로 예민한 성향을 타고나는 가족들은 시끄럽게 이야기를 하기보다 조용한 환경을 선호합니다. 또 자녀들도 그렇게 양육하기 때문에 조용한 성향이 쭉 이어지는 경우가 많아요. 하지만 타고난 성향도 필요에 따라, 또 가족 구성원의 결심에 따라 변하는 일이 얼마든지 있어요. 선우도 이제 달라져야겠다고 결심을 했으니 좋은 변화가 일어날 겁니다.

◆ 서로 닮은 가족의 얼굴

가족들을 상담하다보면 정말 놀랍게도 서로 표정이 닮아 있는 걸 알 수 있어요. 무표정인 집, 자꾸 험하게 인상을 쓰는 집, 환하게 미소 짓고 잘 웃는 집이 있어요. 어두운 표정이었던 집도 어느 한 사람의 표정이 밝아지면, 서로 표정이 전염이 되듯 모두 밝아지는 것을 보곤 해요. 지금 선우네 집이 서로 무뚝뚝하고 표현이 없고, 조용하다고 해도 한 사람이 변하기 시작하면 모두 조금씩 변하게 된답니다.

◆ 대화는 주고받는 것

서로 관계를 맺는다는 것은 '주고받기'예요. 말을 주고받는 것이 대화라면, 먼저 눈빛과 표정으로 서로를 살피고 몸의 언어를 주고받는 것은 기초 대화라고 할 수 있어요. 기초 대화에서 중요한 몸의 언어에 대해 앞서 많이 이야기했죠? 기초 대화든, 말의 대화든 가장 중요한 것은 바로 '숨'이랍니다. 서로 숨을 주고받는 것이 바로 인간 관계라고 할 수 있어요. '인간적'이라고 평가를 받는 사람들은 따뜻해요. 따뜻한 사람에게서는 따스한 기운이 느껴지죠? 바로 따뜻한 숨을 쉬기 때문이에요.

◆ 대인관계는 '숨'이다

말이 없고 소심한 성격의 사람들을 보면 말이 없을 뿐 아니라 몸의 동작도, 또 쉬는 숨의 크기도 작은 걸 관찰할 수 있어요. 선우가 성격과 말하는 것을 바꾸고 싶다면, 숨을 바꾸는 것부터 해 보는 것이 좋아요. 자기만의 숨이 표현되는 것은 웃을 때예요. 웃을 때 사람들은 크게 숨을 들이마시고 내쉬게 되지요. 얼굴은 웃고 있지만 숨이 나오지 않으면 어색한 가짜 웃음이 됩니다. 따뜻한 미소를 짓는 사람을 보면 따스한 숨이 눈과 코에서 나오고 있는 걸 느낄 수 있죠? 아무 말 없이 같이 앉아만 있어도 마음이 훈훈해집니다. 바로 거기에도 숨이 있답니다.

크게 웃을 때는 시원한 큰 숨이 들어오고 나가요. 그런 숨을 쉬는 사람은 주변도 밝게 만든답니다. 오늘부터 활짝, 많이 웃어 보기로 해요.

◆ 웃는 것부터 시작!

힘없어 보이는 우울증 환자분들을 돕다 보면, 그분들은 거의 숨을 쉬지 않거나 얕은 숨, 또는 낮은 숨을 쉬는 것을 관찰할 수 있어요. 숨이 바뀌면 사람의 성격조차 달라져요. 그리고 자주 웃는 것은 숨을 바꾸는 아주 좋은 방법이랍니다.

'웃는 얼굴에 침 못 뱉는다'와 같은 속담에서도 알 수 있죠? 밝은 얼굴과 활짝 웃는 숨으로 몸과 마음을 열고 다가오는 사람, 내게 따뜻하고 밝은 에너지를 가지고 오는 사람을 어떻게 싫어할 수가 있겠어요? 진솔하게 웃는 것만큼 좋은 대화법은 없답니다.

◆ 웃을 일이 없어요

"웃을 일이 별로 없어요" 라고 말하는 친구도 있죠? 공부압박도 심하고 친구관계도 별로 좋지 않은데다가, 집에서도 가족들과 언성을 높이거나 싸워서 정말 웃을 일이 별로 없다는 거죠. 이해해요. 하지만 계속 그렇게 무미건조하거나 힘들게 살 수 없다는 의지가 생겼다면, 더 건강하게 살아보려고 결심했다면 먼저 웃어야 해요. 웃는 것도 운동이랍니다. 웃을 일이 별로 없어서 웃지 않으면 웃는 걸 잊어버리게 되고, 더욱 웃을 일이 없는 악순환이 반복돼요. 어떻게든 재미있게 살아갈 수 있도록 웃음 근육을 발전시켜야 해요.

◆ 웃으며 달리기

웃음 근육이 어디에 있을까요? 얼굴? 그래요, 맞아요. 하지만 더 중요한 웃음 근육은 바로 배에 있답니다. 신 나게 웃을 때 '배꼽 빠지겠다' 라는 말을 쓰죠? 바로 배가 웃기 때문이에요. 작은 미소라도 진정으로 웃는 사람은 복부 근육을 써요. 저는 진료를 받으러 온 사람들에게 매일 아침 저녁으로 웃으면서 100미터 달리기를 해 보길 권하곤 해요. 5분도 걸리지 않으면서 아주 효과적이랍니다. 몸이 시원한 숨을 기억하게 되니까요.

◆ 목소리가 안 나와요

대화의 가장 중요한 목적은 자신의 생각과 느낌을 말로 표현하는 것이죠? 그런데 막상 표현하려고 해도 첫마디를 떼기가 어려운 경우를 많이 보았어요. 목소리가 기어들어가고 잘 안 나오기도 하죠? 말을 잘 안할수록 말로 뭔가를 표현하는 것이 더 어려워진답니다. 그래서 평상시에 목소리를 내는 활동을 자꾸 해 보아야 해요. 책상 앞에만 앉아 있거나 쉬는 시간에도 책을 보면서 움직이지 않으면 절대 말은 늘지 않아요. 지나치게 공부로만 시간을 보내서 대화가 어색해지고, 대인관계를 맺는 방법을 잊어버렸다고 호소하는 경우도 많답니다. 쉬는 시간에는 신체활동을 하고 친구들과 즐겁게 대화를 나눠 보세요. 자꾸 목소리를 내보는 것이 대화법의 기본이라는 것도 잊지 말아요.

◆ 숨을 훅 불기

생일 케이크의 촛불을 끌 때 후~ 하면서 세게 숨을 내쉬는 걸 많이들 해 보았죠? 평상시에 그렇게 숨을 들이마시고 길게 훅 부는 연습을 하는 것도 뱃심 강화와 목소리 내기에 도움이 많이 된답니다.

평소에 이런 식으로 소리를 크게 낼 때 쓰는 뱃심을 길러놓으면, 허밍으로 노래하는 것에도 좋으니 자꾸 소리를 내는 연습을 해 보세요. 엘리베이터에서 자주 만나는 이웃들에게도 소리를 내어 '안녕하세요'라고 인사를 하고, 귀여운 어린 아이들에게도 '아, 예쁘다!'고 칭찬을 해 주면서 말을 걸어 보세요. 느낌을 자꾸 말로 표현하는 연습이 몸에 배어 있으면, 부모님뿐 아니라 다른 사람들과의 대화도 자연스러워지고 더 쉽게 말을 할 수 있게 될 거예요.

우리 집은
서로 다 짜증만 내요

우리 집은 왜 이런지 모르겠어요. 가족 모두가 말이 곱지 않아요. 아빠는 엄마한테 화를 내고, 엄마는 우리한테 짜증을 내요. 그럼 또 저는 엄마한테 화를 내고, 초등학생 동생도 저한테 대들어요. 그러니까 저도 동생을 때려서 울리는 일이 많고요. 저는 이제 이런 생활이 지옥 같아요. 집에 오면 더 짜증이 나니까요. 어떤 때는 우리 집이야말로 콩가루 집안이 아닐까, 하고 생각한 적도 있어요.
- 중2 지안

아이의
속마음

부모의
속마음

아이들 교육 중에서 가정교육이 가장 중요하다는 말을 들을 때마다 가슴이 덜컥해요. 우리 가족도 서로 그만 짜증내고 오순도순 살아야하는데, 이건 뭐 매일 매일이 전쟁터 같아요. 어디서부터 문제를 풀어야할지 모르겠어요.

자, 그럼 터놓고 대화해 볼까요?

◆ 변화의 시작

이해해요. 언제부터 누가 시작했는지도 모르게 가족 모두 나쁜 말을 쓰고 있죠? 그러다 보니 지금 상황까지 오게 되었어요. 그런데 지안이가 이렇게 우리 집의 문제점을 깨닫는 순간부터 변화가 시작되었으니 너무 걱정 말아요. 지안이가 어두운 집에 환한 불을 켜는 것처럼 가족에게 좋은 변화를 가져올 거예요. 그런 생각과 용기를 낸다는 것은 정말 훌륭한 일이랍니다.

◆ 서로 오염시키다

불평불만이 많은 사람이 있어요. 입을 열었다 하면 욕을 하거나 남을 깎아 내리고, 흉을 보고, 부정적인 말을 하고 또 공격적이에요. 매사에 남 탓을 하고요. 말은 주고받는 것이기 때문에, 거친 말과 함부로 하는 말은 서로 전염이 됩니다. 오는 말이 곱지 않으니가는 말도 곱지 않고, 쉽게 다투게 되는 거죠. 집에 이런 사람이 한 명만 있어도, 그 가족의 말투는 전부 비슷하게 닮아갑니다. 자, 지안이네도 이제 이 고리를 끊을 때가 되었습니다.

◆ 감사하지 않는 삶

서로 짜증이 나 있다는 것은 행복하지 않다는 거예요. 서로 사는 게 힘들고 팍팍하더라도 가족끼리 웃으면서 위로한다면 얼마나 좋을까요? 하지만 바깥 생활도 힘든데, 집에 오면 더 스트레스를 받으니 정말 힘이 들죠. 온통 내 주위에는 짜증나는 일에, 스트레스 받는 일뿐이고, 스트레스 주는 사람뿐이라고요? 그 마음 이해해요. 하지만 지안이가 더 이상 이렇게 살 수는 없다고 결심했다면, 힘든 상황에서도 희망을 찾는 일에 몰두해야 해요.

◆ 평범한 일상의 고마움

평범한 일상에서 별일도 아닌데 서로 투덜대고 짜증을 내다가, 정말 큰일이 생기면 그때서야 알게 됩니다. 그 일상이 얼마나 고마웠던 건지요. 누군가가 크게 다치거나 죽거나, 많이 아프거나 수술을 받고, 또는 파산처럼 큰 경제적인 손실을 입는 것처럼, 예기치 않은 안 좋은 일들이 일어나지 않는 것만으로도 일상은 너무나 감사한 거랍니다.

마치 우리를 숨 쉬게 하는 공기를 인식하지 못하는 것처럼, 우리는 일상의 고마움을 제대로 모른채 놓치고 있는지도 몰라요.

◆ 중요함 vs 소중함

중요한 것만 찾기보다 지금 여기에서 관계의 소중함을 느껴보세요. 자기가 해야 할 일에만 관심이 있거나 마음이 조급해지면 자꾸 말이 급해지고, 예의가 없어집니다. 예의는 사람의 소중함을 알 때 생겨요. 건강과 행복을 위해서는 사람과의 관계만큼 중요한 것이 없다는 걸 나이가 들수록 느끼게 되거든요. 거친 말과 불편한 관계는 우리 몸과 마음을 혹사시키고 병들게 합니다.

◆ 즐거운 대화

딱 할 말만 하고 돌아서는 대화는 얼마나 기계적이고 삭막한가요? 원하는 용건만 말하고 끝내버리는 대화도 마찬가지죠. 목적을 위한 대화가 아니라 관계를 위한 대화를 해 보세요. 과정 자체가 재미있도록 말이에요. 결과와 시간의 효율성만 중요시하는 삶은 진정성 있고 깊은 관계를 방해합니다. 심각하게 표현하기보다, 상대방의 얼굴을 밝아지게 하고 웃음을 터뜨리게 하는 즐거운 대화가 오가게 해 보세요. 농담은 필수입니다.

◆ 먹통 vs 소통

청소년들은 부모와 여러 방법으로 소통을 해요. 밥을 안 먹고 방에 들어가 앉아 있는 고집 센 방법으로 자기 뜻을 관철하려고도 하고, 삐딱하게 행동하면서 부모님 마음을 상하게 하고 싶어 하기도 해요. 말이 안 통하고 답답하다며 폭력을 쓰기도 하고요. 이런 상호작용은 서로를 답답하게 하고, 대화가 통하지 않는 먹통인 사이로 만들어 버립니다.

우리는 자기 몸뿐만 아니라 다른 사람의 몸도 살펴주는 말들을 필요로 해요. 상처를 안아주는 말들이 필요하죠. 서로 편을 가르고 배척하거나 싸우는 말이 아닌, 상대방을 살리는 말이 필요합니다.

◆ 엄마 오셨어요?

여러분이 집에 있을 때 부모님이 밖에서 들어오시는 때가 있어요. 부모님이 들어오고 나가실 때 그냥 본척만척 하는 경우가 많지 않나요? 놀며 컴퓨터를 하다가 마치 공부를 하던 것처럼 모른 척하기도 해요. 이제부터라도 꼭 부모님께 인사하세요. 현관으로 나가서 엄마, 아빠께 인사하면 좋지만, 자주 들어오고 나가실 때는 말로라도 이렇게 큰소리로 이야기해 보세요.

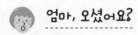 엄마, 오셨어요?

소통은 이렇게 서로 모르는 척 하지 않는 것에서부터 시작합니다.

◆ 안녕히 주무세요

부모들은 '빨리 들어가서 자라고!' 하며 호통을 치고, 아이들은 '알 았다고!'라며 또 맞받아 소리를 지르기도 해요. 어른도 없고, 질서도 없어요. 서로 소리를 지르게 되면 답이 없어요. 그 고리를 끊기 위해 서 여러분이 예의를 갖추고 의젓하게 저녁 인사를 해 보세요.

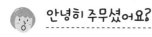 안녕히 주무셨어요?

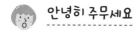 안녕히 주무세요

◆ 모든 것이 합하여 선을 이루다

완전히 수긍은 가지 않더라도 자꾸 긍정적인 말을 하면, 그 말을 자신의 귀와 뇌가 듣습니다. 말은 행동이기 때문에 말을 바꾸면 자 연스럽게 행동도 긍정적으로 바뀌게 되구요.

'모든 것이 합하여 선을 이루다'는 말처럼 여러분의 마음속에 있 는 좋은 기억과 나쁜 기억, 그리고 긍정과 부정이 합쳐져서 더 크고 좋은 마음으로 성장하기를 바랍니다. 부모님에 대해서도 마음속의 긍정나무를 키워서 부모님께 화를 내거나 원망하기보다, 감사하면 서 여러분의 인격이 더 멋지게 성장하기를 바랍니다. 무엇이 진정 으로 나를 위한 것인지 선택하면서 말이에요.

엄마랑 말만 하면
싸워요

엄마는 작은 가게를 하세요. 밖에서는 사람들과 잘 웃고 말도 잘 하시는데, 저하고 이야기만 하면 말이 하나도 안 통해요. 정말 미치겠어요. 무슨 말이든 제 말은 믿지도 않아요. 듣기 싫은 잔소리는 또 얼마나 하는지. 방 좀 치워라, 이게 돼지 우리지 사람 사는 방이냐 등등. 듣다보면 폭발하게 돼요. 엄마만 보면 화가 나니까 자꾸 짜증을 내구요. 이제 내년이면 고3인데 엄마랑 좀 덜 싸웠으면 하고, 이젠 엄마가 절 좀 그만 괴롭혔으면 좋겠어요.

- 고2 유나

아이의
속마음

부모의
속마음

얘는 내가 무슨 말을 하지도 않았는데 화부터 내요. 어디서부터 잘못된 건지 알 수가 없네요. 다 자기 잘되라고 하는 말인데 왜 이렇게 고깝게 듣죠?

자, 그럼 터놓고 대화해 볼까요?

아유, 답답하죠? 만나기만 하면 폭발을 한다니 정말 힘들겠네요.
유나뿐 아니라 엄마도 너무 힘드시겠는데요?

◆ 왜 이렇게 말이 안 통할까?

부모님은 나와 보통 30년 정도의 나이 차이가 나죠? 부모님이
나고 자란 시대는 지금과 완전히 달라요. 어떻게 배우고 또 어떤 가
치가 최고라고 생각하며 살았는지 유나는 잘 이해하지 못할 수도
있어요. 뭐든지 빨리 빨리 하는 것이 미덕이었고, 더 많은 교육을
잘 받아 좋은 직업을 갖는 것을 중요시하는 사회였어요. 사회 복지
도 지금과는 달랐을 뿐만 아니라, 전쟁을 겪은 세대에게 양육되었
던 세대예요. 부모님의 가치관도 현 시대를 살아가면서 많이 달라
지고 있겠지만, 40~50년을 살아온 가치관이 한 번에 바뀌지는 않
아요. 그렇기 때문에 부모님의 생각과 말이 여러분이 생각하는 것
과 다르고 구세대처럼 느껴질 거예요.

◆ 내가 변하는 게 빨라요

부모님을 변화시키려 애쓰기보다는 내가 변하는 게 더 빠릅니
다. 부모님과의 관계에서 잘 성장하면 다른 사람과도 행복한 관계

를 맺을 수 있어요. 남을 지적하고 바꾸려는 사람은 항상 얼굴을 찌 푸리고 좌절감에 빠져 살 수밖에 없습니다. 왜냐하면 절대 다른 사 람이 자기 맘대로 변하지 않기 때문이죠. 엄마도 마찬가지예요. 엄 마도 시간이 지나면서 조금씩 변화하실 수는 있겠지만, 내가 바꿀 수는 없어요. 오랜 세월을 살아온 엄마에게 변하라고 하는 건 너무 나 어려운 일이에요. 엄마가 변하면 좋겠지만, 억지로 요구하지 마 세요. 내가 바라는 것보다 부족한 엄마라고 생각하더라도, 엄마가 주신 것이 있다면 기꺼이, 감사히 받아요. 일단 그러한 대로 엄마를 존중하고 이해하는 것이 필요해요.

◆ 있어 보이려고

청소년들이 부모님한테 소리를 지르거나 화를 내는 것은 왜 그 럴까요? 사람이 화를 내면 성격이 거칠어지고, 사고도 균형적으로 하지 못합니다. 주변 사람들이 떠나가는 것은 물론이고요. 그런데 도 사람들은 왜 화를 내나요? 화를 내면 그 순간만큼은 자기가 힘이 있는 것처럼 생각되고, 화를 분출하면서 안고 있던 뜨거운 감자를 던져버린다고 생각해서 그 순간 마음이 시원하기 때문이에요. 하 지만 힘에도 여러 가지 종류가 있어요. 그 중에 '진짜 힘'은 본인뿐 만 아니라 다른 사람도 건강하게 해요. '가짜 힘'은 목과 어깨와 얼 굴을 긴장시키고, 몸을 병들게 합니다.

◆ 가짜 힘

가짜 힘을 즐기는 사람은 그 순간만큼은 자신이 힘 있는 사람이라고 느껴요. 무서움을 많이 타는 강아지가 일부러 많이 짖는 것처럼, 자신에게 힘이 없는 걸 감추려고 더 소리를 높여요. 하지만 그렇게 오기로 사는 사람은 자신의 무기력함과 외로움은 숨길 수 있을지 몰라도, 결국은 자신을 힘들게 해요.

◆ 되도록 말하지 않는다

좋은 대화법이라고 해서 말하는 방법에 대해 배우는 줄로만 알았죠? 그런데 어떤 때는 '침묵'하는 것도 아주 좋은 대화법이랍니다.

하지 말아야 하는 말을 너무 많이 할 때, 또는 입만 열면 짜증을 내고 서로 화를 내게 될 때는 차라리 말을 참는 것도 좋은 방법이에요. 관계가 나쁘면 말 자체가 이미 오염이 되어 있어서, 하는 말마다 오해를 부르거나 감정이 섞여 있어 관계를 더욱 악화시켜요. 자꾸 시비를 걸거나 같은 말도 나쁘게 하고, 화를 내거나 서로 공격적인 말이 쏟아져 나오죠. 그럴 땐 당분간은 최대한 말을 아끼고, 접촉도 최소한으로 하는 것이 관계를 바꾸는 시작이 될 수 있답니다.

◆ 접촉을 줄이다

관계가 너무 악화되어 보기만 해도 으르렁거리거나 싸움이 일어난다면, 당분간 마주치지 않는 것도 또 하나의 방법이에요. 계속 그럴 수는 없지만 일시적으로는 싸우는 것보다 낫다는 뜻입니다.

 엄마, 죄송한데 지금 화장실이 급해서요.

 엄마, 죄송한데 제가 지금 빨리 해야 할 숙제가 있어서요.

하고 방으로 들어가는 것도 방법입니다.

그러나 피하는 것은 타는 불에 기름을 붓는 것을 멈출 뿐, 정말 중요한 것은 진짜 불을 끄는 일이겠죠?

어떻게 하면 부모님과의 관계가 매끄러워질까요?

◆ 징징거리며 이야기하기

대화는 서로 자기 생각을 주고받고 이해하는 과정이에요. 서로 감정을 나누고 함께 하는데 의미가 있죠. 그러면서 생각도, 마음도 모두 커지고 행복해져요.

서로 말이 안 통한다고 느끼는 경우가 있었다면 어떤 상황이었는지 살펴봐요. 일단 감정이 격앙되어서 다른 사람의 말을 들으려 하지 않았을 거예요.

내가 내 공만 던지고 다른 사람의 공을 받으려고 하지 않거나,

상대방이 내가 공을 던질 틈조차 주지 않고 받으려하지도 않은 채 자기 공만 던진다면 어떻게 되겠어요? 서로 말이 통하지 않는다고 느끼게 되겠죠.

◆ 누울 자리를 보고 눕기

누울 자리도 없는데 무작정 누우려고 한다면 어떻게 될까요? 먼저 누워있던 사람들과 마찰이 생기겠죠? 말도 마찬가지입니다. 주고받을 자리를 보고 공 던지는 것을 시작해야 합니다. 나는 좋은 의도로 말을 걸었는데 상대방은 기분이 나쁜 상태여서, 내게 시큰둥하거나 나쁘게 반응하면 큰 싸움이 나기도 하죠?

쓸데없는 말이 아니라 쓸 수 있는 말, 죽이고 기분 나빠지는 말이 아니라 살리는 말이 되려면 먼저 말 자리를 살피세요!

지금 엄마가 어떤 상태인지, 엄마 기분은 어떤지, 또 말 공을 던져도 엄마가 받을 수 있는 상태인지 파악을 해야 순조로운 공 주고받기를 할 수 있어요.

◆ 입꼬리를 올리고 잠들다

좋은 대화를 하려면 나 스스로가 좋은 사람이 되어야 해요.

좋은 사람은 좋은 생각과 좋은 마음, 좋은 느낌을 느끼기 때문에 말도 좋은 말이 나올 수 밖에 없겠죠?

하지만 좋은 마음을 먹는 건 생각보다 무척 힘들 거예요.

선생님이 아주 쉬운 방법 한 가지를 가르쳐 줄 테니, 오늘부터 한번 해 보도록 할까요? 바로 밤에 잠자리에 들 때 입꼬리를 올리는 거예요. 오늘 힘들었더라도 하루를 마칠 때엔 해피엔딩으로 바꾸는 것입니다. 바로 여러분 스스로 바꿀 수 있어요. 언젠가부터 아침에 일어날 때도 입꼬리가 올라가 있는 신기한 광경을 마주할 수 있을 겁니다.

평상시에도 좋은 생각, 좋은 기억을 떠올리는 것도 좋지만 어렵다면 딱 한 가지, 바로 입꼬리를 올리는 것만 해 보도록 합시다.

간단하게 우리 몸을 긍정적으로 바꾸는 방법이 여기 있답니다.

엄마한테
막말을 하게 돼요

어제 엄마랑 크게 다퉜어요. 컴퓨터에 좀 앉아 있었는데 그걸 가지고 너무 야단을 치니까 정말 짜증이 났어요. 어릴 때는 그냥 엄마가 무서워서 엄마 말대로 했는데, 이제는 지지 않고 대들다 보니 엄마랑 부딪치는 일이 많아요. "내가 알아서 한다니까!" 라고 소리를 지르니까 엄마도 저한테 막말을 하고, 둘다 서로 아주 심한 말들을 했어요. 싸우다 보니 너무 화가 나서 엄마한테 욕을 했어요. 엄마가 저를 때리려고 하길래 저도 엄마를 밀쳤어요. 엄마가 울면서 자식 헛키웠다고 하고, 지금은 냉전이에요. 저도 속상하고 패륜아가 된 것 같아서 마음이 너무 안 좋아요. - 고1 주원

아이의
속마음

부모의
속마음

살다살다 이제 자식한테 맞네요. 너무 충격이 커서 할 말이 없구요. 그동안 자식 하나 보고 희생한 세월이 얼마인데. 애는 성적도 안 나오고, 시간을 아껴 공부를 해도 시원찮은데 열심히 안하는 모습을 보면 속이 터지거든요. 공부하란 말이 그렇게 싫을까요? 저는 여건이 안 되서 제가 가고 싶은 대학을 못 갔어요. 나처럼 되지 말라고 이렇게 뒷바라지를 많이 해 주면 당연히 아이가 잘될 거라고 생각했어요. 그런데 이젠 다 포기하고 싶네요. 사는 게 재미가 없고 불안해요.

자, 그럼 터놓고 대화해 볼까요?

◆ 절대 해서는 안 될 말 하지 않기

인생을 살면서 무엇을 하느냐도 중요하지만, 절대로 해서는 안 될 일을 하지 않는 것도 중요합니다. 탑을 쌓는 데는 20년이 걸리지만, 탑을 무너뜨리는 데는 20분도 걸리지 않는다고 하죠? 우리 안의 공격성과 분노를 어떻게 풀고 다스리느냐가 바로 우리의 인생을 결정하기도 합니다.

서로 싸우면서 화가 나서 절대 하면 안 될 말을 해 버리는 경우가 있어요. 싸우는 순간에는 상대방은 적이 되기 때문에, 자신을 지키고 싸움에서 이기기 위해 상대방에게 치명타를 주는 아픈 말을 해 버릴 수 있어요.

◆ 관계를 깨는 말

 나가 죽어!

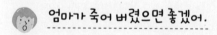 엄마가 죽어 버렸으면 좋겠어.

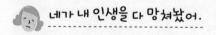 네가 내 인생을 다 망쳐놨어.

엄마, 아빠와 싸우면서 이와 비슷한 말을하고, 또 들은 적이 있나요? 가까운 사람일수록 상대방에 대해 많이 알고 있고 또 비밀스러운 약점도 알고 있어서, 상대방을 아프게 공격하는 말을 할 수 있어요. 다시는 안 볼 사람이 아니기 때문에 서로에게 준 상처는 둘의 자존감과 관계를 악화시켜요. '누워서 침 뱉기'란 말처럼 마치 자신을 공격한 것과 같은 상황이 되는 거죠. 자기 안에 있는 분노의 불덩어리를 다른 사람에게 던지지만, 결국엔 같이 타게 됩니다. 공격하는 말의 부정적인 힘은 상대방에게도, 자신에게도 파괴적인 영향을 줘요. 그 당시에는 시원한 것 같지만 그 불은 모든 것을 파괴시킨답니다.

◆ 무엇이 나를 그렇게 화나게 했나

화가 날 때는 화를 던져버리려고만 하지 말고, 솔직히 무엇 때문에 화가 났는지 한번 생각해 봐요.

'엄마의 사랑을 받고 싶은데 야단만 치시니까' 또는, '높은 기대치에 도달하지 못하는 스스로에게 화가 나고 마음이 조급해서'와 같이 말이에요.

다양한 이유가 있을 거예요. 일단 무엇이 나를 화나게 하는지 스스로 알게 되면 화의 고리를 끊을 수 있어요. 그것이 바로 용기랍니다. 정말 하고 싶은 말은 따로 있는데 그저 화만 내지는 않았나 생각해 보세요.

◆ 짜증 섞인 말

짜증을 내면서 이야기를 할 때 사람은 본능적으로 몸과 마음을 닫게 돼요. 더러운 것이 있고 악취가 날 때 코를 막거나 피하는 것과 비슷해요. 내 의견을 전달하고 싶어도 짜증이 나있어서 말이 짜증스럽게 나가고 징징거리게 된다면, 도리어 대화를 하지 않는 게 나아요. 의견전달이나 내가 원하는 결과를 얻기는커녕 기분만 상하고 관계만 악화되지요. 여러분이 부모님과 대화할 때도 마찬가지예요. 짜증을 내면서 이야기를 시작하면 부모님과 대화가 힘들어요. 반대로 상대방이 짜증을 내면서 이야기를 한다면 되도록 '네'라고 짧게 이야기하고 자리를 피하는 것이 좋아요. 싸움을 걸 때, 같이 기분이 나빠지고 그렇게 말리면 싸움이 날 수밖에 없어요. 이렇게 한번 상상해 볼까요? 가끔 그런 비유를 하는데요. 나쁜 존재가 한 사람의 귀에 속삭여요. 기분나쁜 생각과 기분을 몰아넣는 거죠. 그러면 그 사람이 넘어가서 나쁜 말을 쏟아 내요. 그렇게 되면 바로 그 앞에 있는 다른 사람까지 오염되는 거죠. 그래서 두 사람이 싸우게 되면 처음에 장난을 친 나쁜 존재는 너무나 재미있어 해요. 바로 그런 상황을 인식한다면 휘말리지 않고 거기서 나올 수 있게 됩니다.

◆ 싸우지 않는 상호작용

입만 열면 거친 말이 나가거나 항상 부정적 또는 신경질을 내면서 이야기를 하면, 점차 사람들은 내가 말을 해도 잘 들으려하지 않아요. 사람들이 나를 피하고 무시하니, 여러분은 점점 더 기분이 나빠지게 될 겁니다. 내가 하는 말이 나와 다른 사람을 살리려면 무엇보다 부정적이지 않은 말이어야 하고, 또 그러려면 내 자신이 바뀌어야 해요. 항상 부정적인 생각을 하는 사람은 당연히 말도 부정적으로 나갈 수밖에 없으니까요.

좋은 대화법을 위해서는 자신의 생각과 행동이 먼저 바뀌어야한다는 걸 잊지 마세요!

◆ 존대말하기

존대말이 있는 언어가 많지 않다고 하죠? 우리나라 말은 예의를 갖춘 곱고 세련된 말이 많아요. 그만큼 아름답고 기품이 있다는 거죠.

최근에 정말 '친구같은 부모님'라고 생각해서 그런지, 반말을 하는 청소년들이 많아요. 그런데 사춘기가 되면 부모님과 의견대립도 많아지고, 그러다 보면 말이 거칠어지고 극단적인 감정대립으로 치닫다가 신체적인 폭력을 휘두르는 일까지 생기는 걸 볼 수 있어요.

부모님과의 대화법에서 정말 필요한 것은 존대말입니다. 부모를 하대하는 사람은 자신 안에 있는 자존감의 근원을 깔아뭉개는 것과 같아요.

존댓말을 하기 시작하면 막말이 나올 가능성이 훨씬 줄어들어요. 서로간에 예의있는 적절한 '거리'가 생기기 때문이죠.

◆ 부모 이겨먹기

부모와 심하게 싸우는 아이를 보면, 자식이기는 부모없다고 결국 아이의 고집을 부모가 꺾기 어려운 경우가 많아요. 아이가 부모를 이기게 되죠. 그럴 때 자식은 '승자'가 되고 성취감을 맛볼까요? 아니에요. 아이의 자존감은 도리어 낮아집니다. 몸과 마음의 뿌리가 된 부모를 부인하고 부정하는 것은 자신의 자존감에도 알게 모르게 심각한 상처를 남겨요. 그래서 무의식적인 죄책감과 다른 사람 앞에서 자신감 없는 모습으로 이어진답니다. 내가 생각하기에 부도덕하고 무능력한, 못난 부모라 할지라도 무조건 자신의 부모님에 대한 인정과 존경심이 있어야 해요. 바로 내 안의 생명에 대한 존중과 예의이기도 해요. 부모님께 존댓말을 쓰는 순간부터 주원이는 어른이 되는 발걸음을 힘차게 내딛기 시작한 거랍니다. 애기 같은 말과 말투에 머물러 있지 않고 독립할 수 있는 어른으로서의 축복을 받는 겁니다.

◆ **죄송해요**

살다보면 정말 실수할 수 있고 감정에 치우쳐 잘못된 행동을 할 수 있어요. 그럴 때 필요한 것은 진심어린 사과입니다. 말 한마디로 천냥 빚을 갚는다는 말이 있죠? 엄마한테 잘못한 일을 그냥 쓰윽 아무 일도 없었던 듯이 지나가지 말아요. 진심으로 반성하고 사과하세요. 말로만하는 사과가 아니라 정말로 자신을 바꾸는 깨달음과 반성 이후에 나오는 사과가 되어야겠죠?

죄송하다는 말과 함께 주원이가 깨달은 것에 대해서 엄마에게 이야기해보세요.

(사과)
엄마, 죄송해요.

(무엇이 미안한지 내용설명)
어제는 제가 엄마한테 못할 말과 행동을 했어요.

(왜 그랬는지 설명)
저도 너무 화가 나서 그랬어요.

(자신의 상태 설명)

제가 요새 마음이 불안하고 답답해서 많이 괴로워요.

공부를 해야하는 건 알겠는데 몸이 안 따라줘요.

(이때 중요한 것은 엄마를 비난하지 않는 거예요. 너무 답답한데 엄마까지 나를 공격하니까 그랬어요, 라거나 엄마가 나를 너무 화나게 해서 그랬어요, 라고 엄마를 비난하면 다시 싸우게 돼요. 이런 말보다 그냥 자신의 상황에 대해서 설명하는 게 좋아요.)

(엄마와 같은 편이라는 것과 동일한 목표 확인)

엄마가 저를 걱정하고 도와주시려고 하는 것 알고 있어요.

저도 엄마를 실망시키고 싶지않은 데 잘 안 되서

속이 상해요.

(나가야할 방향)

저도 공부를 좀 잘하고 제 인생도 책임지기 위해서

노력을 계속할 거예요.

(대책)

독서실에 한번 가보려고요.

(긍정적인 부탁)

그러니까 저를 지켜봐주시고 축복해주세요. 엄마

자존심보다는 행복을

부부치료를 하거나 가족치료를 할 때 가장 가까운 사이에(부부, 부모와 아이들 간에) 서로 말과 행동으로 상처를 줘서 말을 안 하거나 싸우는 상황을 참 자주 봅니다. 자신이 받은 상처에 자존심이 상하기 때문에 마음을 풀고 용서하기보다 똑같이 되갚아 주는 겁니다. 하지만 그렇게 되면 상처가 깊어져 이혼이나 더 큰 불행으로 이어지는 경우가 너무나 많아요. 앙갚음은 끝이 없거든요. 이럴 때 우리가 앞으로 나아가기 위해 보아야 할 목표는 '자존심 세우기'는 아니라 '행복'이라는 것을 꼭 깨달아야합니다. 행복을 위해서는 자존심을 버릴 수 있어야합니다. 여러분 중에서도 부모님이 자신을 아프게 하거나 상처를 주었다고 생각해서 자존심을 내세우고, 부모님을 미워하고 관계를 단절하는 사람이 분명히 있을 거예요. 자존심보다 행복을 선택해서 더 큰 사람으로 성장하기를 바랄게요.

가정환경,
부모의 불화

——

PART 06

집에
가는 게
스트레스야

아픈 엄마한테
어떻게 해야할지 모르겠어요

엄마가 많이 아프세요. 암 진단받고 수술도 하셨고 항암치료도
받으셨어요. 자주 입원하기도 하고 그랬는데 점점 몸이 안좋아
지시는 것 같아요. 이러다가 엄마가 돌아가실지도 모른다는 생
각이 들고 엄마가 죽으면 난 어떻게 해야하나 막막하고 그래요.
그래서 걱정이 되고 또 불안하기도 한데, 어쩔 때는 짜증이 나고
화가 나요.
다른 엄마들은 건강해서 많이 챙겨주는데 저는 그렇지도 못하고
도리어 엄마 걱정을 해야하니까요. 그런 생각을 하다가 또 엄마
한테 미안한 마음이 들고 죄책감이 들어요. 무엇보다도 엄마를
대할 때 어떻게 해야할지 잘 모르겠어요. 엄마가 아픈데 웃어도
안될 것 같고, 자꾸 아프냐고 물어보기도 그렇고...   -중3 지유

아이의
속마음

부모의
속마음

암 진단을 받고 청천벽력같았어요. 아직 아이들이 어린데 어떻
게 해야하나 막막했구요. 첫 수술 후에 그래도 괜찮을 줄 알았는
데 이렇게 안 좋아서 힘이 드네요. 아이들한테 미안하고 혹시라
도 내가 잘못되면 어떻게 살아갈까 걱정이 되고 눈물만 나요.

자, 그럼 터놓고 대화해 볼까요?

걱정이 많이 되지요? 토닥토닥. 상담을 하면서 엄마가 투병중이거나, 사고로 돌아가시는 등 여러 가지 안 좋은 상황에 처한 청소년들을 많이 만나곤 해요. 엄마가 편찮으실 때 자녀들은 대신 아프고 싶은 마음이 들 정도로 엄마에 대한 사랑을 느끼기도 하지만, 그런 엄마가 싫어지고 부담스럽거나 화가 나기도 하는 여러 가지 감정이 들 수 있어요. 지유가 그런 생각을 하는 것도 이상한 것이 아니랍니다.

◆ 조금 일찍, 조금 나중에

나는 아직 준비가 되지 않았고 더 많은 도움을 필요로 하고, 혼자서 살아가기에 막막한데 부모님이 내 곁을 떠난다는 것은 정말 끔찍한 일이에요. 선생님도 아버지가 갑자기 일찍 돌아가셔서 지유 마음을 잘 알 것 같아요. 아버지가 돌아가신지 상당한 시간이 지나고 나이가 제법 드니, 주변에 있는 많은 분들도 아프거나 세상을 떠나기도 해요. 조금 일찍, 혹은 조금 나중에 그렇게 다들 헤어진다는 걸 알게 됐어요.

아직 지유가 청소년이니까 엄마가 편찮으시면 많이 걱정이 되겠지만 멀리 넓게 보면서 생각해 보기로 해요. 헤어지는 시기가 다른 사람보다 몇 년 더 일찍일지 모르지만 언젠가는 우리 모두가 겪어 야할 일이랍니다.

◆ 밝게 이겨내기

우리 모두는 언젠가는 삶을 마치게 되어 있어요. 언제나 헤어지 지 않고 함께하는 삶은 없답니다. 엄마가 약해지고 돌아가실 수도 있다는 생각에 불안하고 힘든 이 시기가 지유를 더 많이 성장 시킬 거예요. 힘들지만 엄마에게 밝은 표정을 지어 보이고 씩씩하게 살 아가려고 노력해 봅시다. 엄마가 가장 원하는 깃도 바로 그런 지유 의 모습일거예요. 엄마가 아프니까 같이 아프고, 힘들어야 하고, 웃 어도 안될 것 같다는 생각은 더욱 엄마를 힘들게 한다는 것을 기억 해요!

◆ 엄마를 부탁해

〈엄마를 부탁해〉 라는 책이 있죠? 그 책에 보면 치매에 걸린 엄 마를 잃어버린 이야기가 나와요. 치매에 걸려 어디로 갔는지 알 수 없는 엄마를 아무리 찾아 헤매도 행방이 묘연한 그런 안타까운 때에 무엇을 할 수 있을까요? 우리가 할 수 있는 일은 한계가 있답니다. 그 순간에 엄마를 누구에게 부탁해야할까요? 우리는 엄마에게 큰 도 움이 될 수 없고 엄마를 구할 수도 없어요. 하지만 우리를 넘어선 생명의 큰 힘께 엄마를 '부탁'할 수는 있을 것 같아요. 그 힘은 엄마를 태어나게 하시고, 살아있게 하셨고, 항상 좋은 길로 이끄는 힘이에 요. 엄마가 걱정이 될 때마다 내가 할수 있는 것이 아무것도 없다고 생각해 좌절하거나 걱정만 하지 말고, 엄마를 그 힘에게 부탁해 보 아요.

◆ 엄마의 운명

우리 모두의 삶에는 우리가 어쩔 수 없는 운명적인 요소가 있어 요. 열심히 살아가지만 모든 것이 우리 뜻대로 되지는 않지요. 내가 할 수 없는 일을 부여잡고 걱정하고 안타까워 하기보다 엄마가 그 러하신 대로, 편찮으신 대로 엄마의 운명을 존중하는 것이 필요해 요. 엄마를 우리보다 더 큰 힘에게 맡기기로 해요. 기도란 바로 그 런 거랍니다. 지유가 어떤 종교를 가졌든지 상관없어요. 우리를 넘 어선 더 큰 힘을 인식하고 그 힘에 맡기는 과정을 통해 지유는 더 건강하게 잘 살아갈 새 힘을 얻게 될 거예요.

◆ 열심히 살게요

지금 지유가 할 수 있는 일이 뭘까요? 지유가 건강하고 행복하게 사는 것이 엄마가 가장 원하는 것이라는 것도 알겠죠? 이렇게 엄마 께 이야기해 봅시다.

엄마가 아프셔서 걱정이 많이 돼요.

엄마를 기쁘게 하고 건강에도 도움이 되는 일이

뭘까 생각해 봤는데요. 제가 즐겁고 행복하게,

열심히 잘 사는 게 제일 중요한 것 같아요.

엄마, 열심히 살게요.

제 걱정은 하지 마세요.

엄마도 힘내서 어서 건강해지시길 기도할게요.

큰소리로 웃기

암을 이겨내는데 면역력이 중요하다는 말을 많이 들어봤죠? 면역력 강화를 위해서는 많이 웃는 게 좋답니다. 자기도 모르게 갑자기 빵 터져서 배가 아플 정도로 웃고 나면, 배에는 자연스럽게 힘이 생기고 어깨와 등은 이완이 돼요. 얼굴이 활짝 피고요. 우리 몸을 튼튼하게 하는 호르몬과 신경전달물질도 뇌와 온몸에서 쏟아져 나온답니다. 엄마가 편찮으시지만 일부러 더 크게 서로 많이 웃도록 해요. 많이 웃게 되면 엄마가 병을 이겨내는데 도움이 될뿐만 아니라, 혹시 엄마가 가족의 곁을 떠나더라도 함께 하는 동안 아름다운 시간을 가질 수 있으니까요.

엄마가 제게
아빠 흉을 봐요

엄마가 아버지에 대해서 안 좋게 이야기하세요. 아버지가 사업에 실패하시고 직장을 계속 못가져서 엄마가 일을 하세요. 친할머니하고 고부갈등도 심해서 스트레스를 많이 받으시기도 하고요. 그래서 그런지 엄마는 아빠에 대해 안좋은 말을 신세한탄처럼 하시고 네 아빠처럼 살면 안된다고, 네 아버지처럼 되면 안된다고 입버릇처럼 말씀하셨어요. 제가 무슨 잘못을 할 때는 네 아빠처럼 되려고 하냐고 화를 내세요. 엄마가 아버지에 대해 안좋은 말을 할 때마다 저도 불안해지고 속이 상해요. 언제부턴가 저도 자꾸 자신감이 없어지고 소극적인 성격이 되었어요. 어떻게 해야 할까요.
　　　　　　　　　　　　　　　　　　　　　　　　- 중3 태민

아이의
속마음

부모의
속마음

아이구, 제 팔자가 왜 그런지, 처음 결혼해서는 그래도 괜찮았는데 제 말을 안듣고 자꾸 사업을 벌여서 몇 번을 말아먹고, 지금은 이렇게 저를 고생시키네요. 시어머니는 속도 모르고 자꾸 경제적으로 요구를 하고 남편은 그 중간에서 조절을 못해요. 말이라도 따뜻하게 하면 제 맘이 풀리련만, 그걸 못하니 자꾸 저도 남편한테 공격을 하게 되네요.

자, 그럼 터놓고 대화해 볼까요?

그래요. 자꾸 의기소침해지고 힘들어지는 상황이군요. 태민이 같은 상황에 놓인 친구들이 의외로 참 많답니다. 이미 태민이는 엄마, 아빠에게서 유전자를 절반씩 받아서 몸과 마음 속에 엄마, 아빠가 절반씩 들어 있죠. 그런데 자꾸 반쪽을 부정하게 되니까, 힘이 빠지는 것이 당연하죠.

◆ 닮지 마라

아내가 남편이나 시댁과 사이가 좋지 않을 때 아이에 대해서도 불안정한 감정을 갖게 되는 경우가 많아요. 아이는 당연히 시댁 반, 친정 반을 닮은 유전자 조합이기 때문에, 아이한테서 싫어하는 시댁과 남편의 모습이 나타나게 되는데 그걸 못 참아 하는 경우도 생겨요. 그리고 남편에게서 받지 못하는 위로와 만족을 자녀한테 얻으려고 하죠. 그러다 보면 가족 안에서 편을 나눠서 자기 편을 만들려고 노력하게 돼요. 그럴 때 자녀는 태민이처럼 이러지도 저러지도 못하고 사이에 끼어 힘든 상태가 되는 겁니다.

◆ 닮지 않을 거야

그래서 이 상황은 바로 엄마가 해결하셔야하는 문제랍니다. 남편 흉을 보면서 잠깐 스트레스가 풀리는 것 같지만, 엄마는 점점 힘들고 비참해지게 돼요. 어떤 부분을 부정하려고 할 때마다 그것이 오히려 더 크게 다가오거든요.

태민이가 이 상황에서 할 수 있는 일은 엄마의 문제를 엄마가 해결하시도록 물러서는 일이랍니다. 어떤 경우에는 자녀가 부모님을 싫어해서, 부모님을 닮지 않겠다고 노력하는 경우가 있어요. 그런데 그 사람은 도리어 부모님의 좋지 않은 면을 닮아가기도 해요. 그만큼 부정적이든, 긍정적이든 내 마음 속에서 그 생각이 에너지적으로 중요한 부분을 차지하기 때문이죠.

◆ 물러나다

두 분이 문제가 있고 사이가 나쁘더라도, 그것과 관계없이 두 분은 태민이의 부모님이세요.

두 분을 바꿀 수는 없어요. 다만 두 분을 바라보는 태민이의 시선과 마음을 바꿀 수는 있답니다. 두 분의 문제로부터 마음 속으로 물러나야 해요. 그리고 태민이는 잘 살아야해요. 그러려면 무엇보다 두 분에 대해 감사한 마음을 가지면 됩니다. 그냥 그렇게 생명을 받은 것에만 일단 감사하세요. 그리고 태민이의 인생을 열심히 살아가면 어느덧 훌륭한 사람이 되어 있을 거예요.

◆ 연습하고 내 것으로 만들다

자, 이렇게 어머니한테 이야기하는 걸 마음 속으로 먼저 시작해 봅시다. 중요한 이야기를 할 때는 연습이 좀 필요하답니다. 여기에 적힌 말들을 머리로 이해하고, 가슴으로 느끼고, 그리고 입으로 자연스럽게 말할 수 있도록 한번 연습을 해 봐요.

그럼 성숙한 자기 말이 되어서 엄마한테 말을 꺼내기도 쉬워진답니다. 한번 소리내어 읽어보세요.

어머니, 두 분이 어떠하시든지 두 분 모두 제 부모님이세요. 두 분이 저를 낳아주셔서 감사하고 열심히 살아갈 거예요.

죄송하지만 저한테 아버지에 대한 나쁜 말은 하지 않으셨으면 좋겠어요.
제 몸 절반이 아버지로부터 온 것인데, 어머니께서 자꾸 그렇게 말씀하시면 저도 몸과 마음이 많이 불편해져요.
어머니는 제가 건강하고 행복하게 잘 살아가기를 바라시잖아요? 제가 그렇게 살 수 있도록 저를 축복해 주세요.
아버지, 어머니 두 분 모두 저에겐 소중하고 고마우신 분이에요. 그렇게 알고 살아갈 수 있도록 도와주세요.

잘 이야기 했어요. 한쪽 부모님에 대해 불안한 마음을 갖고 있으면 자꾸 자신감이 없어집니다. 부모님께서도 태민이가 힘을 가지고 잘 살기를 바란답니다.

부모님을 생각하며 두 손을 모아 보세요

우리 몸의 절반은 아빠, 절반은 엄마의 유전자로 이루어져 있지요? 이 두 개가 몸에서 서로 충돌하거나 한쪽이 약하다면 우리의 몸과 마음도 약해지고 말지요. 우리 몸과 마음이 건강해지는 쉬운 방법을 하나 알려줄게요.

1. 왼쪽 손바닥을 하늘로 향하게 왼팔을 들고 아버지가 그 위에 계시다고 상상합니다.
2. 오른쪽 손바닥을 하늘로 향하게 오른팔을 들고 어머니가 그 위에 계시다고 상상합니다.
3. 기도하듯이 두 손을 합쳐서 모으고 가슴으로 가져오세요.

이렇게 두 분이 우리 몸과 마음 안에서 하나가 되는 상상을 자주 해 보세요. 익숙해지면 두 손을 모을 때마다 금방 손바닥이 따뜻해지면서 마음이 평화로워지는 것을 느낄 수 있을 거예요.

부모님 사이가 좋지 않아서
늘 살얼음 판이에요

엄마와 아빠는 서로 이야기를 안해요. 꼭 그림자 보듯이 하고요. 몇 년 전에 아빠가 외도를 하신 것 같아요. 아무도 저한테 이야기를 하지는 않았지만, 엄마가 방에서 이모한테 울면서 전화하는 걸 들었거든요. 엄마는 아빠를 용서 못하는 것 같아요. 다른 방을 쓰고, 서로 마주치는 것도 피하는 것 같아요. 그러다 보니 집에서 별로 웃을 일도 없고 저도 자꾸 우울해져요. 엄마랑 저랑 웃다가도 아빠가 들어오면 분위기가 달라져요. 엄마가 아빠한테 냉랭하게 대하니까 저도 아빠한테 애교를 떨거나 뭘 할 수도 없고요. 이런 분위기에 익숙해 져서 저도 마음이 많이 우울한 것 같아요.

- 중3 다림

아이만 없었으면 딱 이혼하는 건데 참고 살고 있네요. 나를 속이고 상처를 준 게 용서가 안 돼요. 한두 번도 아니고.. 딱 죽고 싶을 때도 있었는데 그냥 딸만 보고 사는 거예요. 애라도 결혼을 시켜 놓고 헤어지든지 하려고요.

자, 그럼 터놓고 대화해 볼까요?

아유, 다림이가 얼마나 곤란한 상황인지 알 것 같아요. 셋이서 사는데, 두 사람이 서로 사이가 안 좋으니 가운데서 얼마나 힘들겠어요. 이렇게 소통이 안 되면 그 안에 있는 사람들은 힘들어지지요. 이 상황에서 어떤 방식으로 건강하게 앞으로 나갈 수 있을지 같이 고민해 봅시다.

◆ 소통이 끊기다

두 분의 상황을 다림이는 잘 알지 못해요. 무슨 일이 있었는지도 잘 모르죠. 다 알 수도 없고 알 필요도 없어요. 두 분 사이의 일이니까요. 사람들은 사랑하기 때문에 상처받고, 그 때문에 차갑게 대할 수 있어요. 속상한 마음에 엄마는 아빠를 자꾸 외면하는 거죠. 상처받아서 소통을 더 이상 하지 않으려하고 닫아버리는 거예요. 그러다 보면 문제가 점점 더 심각해지죠. 사실 이것은 더 성숙한 사랑으로 옮겨 가야하는 중간 단계라고 볼 수 있어요. 엄마가 어떻게 더 성숙하게 헤쳐나갈지는 엄마 몫이에요. 많은 자녀들이 부모 사이에서 우왕좌왕 고민을 해요.

◆ 끼지 않기

아이들은 사랑이 많기 때문에 부모님을 너무나 사랑해서 갈등하게 되어요. 부모님을 위해서 많은 것을 하려고 하는데, 사실 아이들이 부모를 위해 할 수 있는 일이 별로 없어요.

자녀들이 자기 능력을 넘어선 지나친 사랑을 하려고 하면 문제가 생겨요. 짐이 너무 무겁기 때문에 다림이가 이야기하는 것처럼 우울해지고 힘들어져요. 부모님을 돕기는커녕 스스로의 인생을 불안하고 불행하게 만들기도 해요.

그리고 부모님 간의 문제에는 다림이가 끼어들지 않아도 돼요. 엄마가 아빠와 해결할 문제니까요.

◆ 앞으로 나가기

다림이가 엄마 눈치를 보면서 아빠한테 친절하게 하지 못하는 건, 엄마랑 아빠랑 싸울때 엄마 편을 들어야겠다고 생각하기 때문이에요. 아빠랑 친해지면 엄마에 대한 배신이라고 생각하는 거죠. 하지만 그건 겉으로 보여지는 모습일뿐이에요. 엄마가 아빠를 차갑게 대하는 것이 바로 마음속으로는 아빠를 사랑하는 마음이 있기 때문이거든요. 다림이는 두 분 다 사랑하고, 두 분 모두에게 애정을 표현해도 된답니다. 아빠와 엄마가 서로 사랑했다는 증거는 바로 다림이 본인이에요. 바로 두 분 사랑의 결실이죠. 부모님의 갈등 속에서 왔다 갔다하지 말고 기억해요.

그리고 부모님 때문에 다림이도 상처받고 있다고 생각하지 말아요. 사람은 항상 갈등 속에서 더 단단해지고 많은 것을 배워요. 다만 주저앉지만 않으면요.

◆ 사랑의 결실

다림이는 더욱 앞으로 나아갈 사람이에요. 이렇게 한번 생각해봐요. 다림이는 부모님의 냉전 속에서 확실하게 배운 것이 있죠? 행복하려면 소통이 끊기면 안된다는 것 말이에요. 상처 속에 머무르는 사람은 그걸 반복하지만, 더 앞으로 나가는 사람은 성장합니다.

자, 다림이가 꼭 기억해야할 것을 또 한번 짚어볼까요?

부모님이 싸우시더라도 두 분이 공통적으로 원하는 것이 있어요. 바로 다림이가 행복하게 잘 자라는 것이죠. 항상 잊어버리지 않고 기억해야 해요.

◆ 건강한 소통

다림이가 느끼는 걸 솔직하게 엄마한테 이야기를 해 봐요. 다림이가 중간에서 우왕좌왕 애를 쓴다고 해서 문제가 해결되지 않아요. 자녀가 힘들어 하다가 병이 나서 그때서야 부모가 달라지는 경우가 있다면 그건 비극이에요. 보다 더 건강한 방법으로 다림이의

마음을 표현해 보면, 엄마도 느끼는 바가 있고 긍정적으로 변화하

실 수 있어요.

　기억하세요. 행복하기 위해서는 본인을 학대하거나 힘들게 하지

않고, 문제를 해결하는 건강한 방법과 소통을 배워야한다는 걸요.

◆ 두 분 다 사랑해요

 엄마, 몇 년간 엄마가 아빠한테 차갑게 대하는걸

알고 있어요.

엄마가 아빠한테 화가 많이 나신 것 같아요.

그래서 저도 아빠와 자꾸 서먹해지고,

불편하고, 우울해지기도 해요.

엄마, 저는 행복하게 살고 싶어요.

저는 엄마와 아빠가 사랑해서 태어났고,

그렇기 때문에 두 분 다 사랑해요.

엄마 마음이 어서 편해지셨으면 좋겠고,

우리 모두가 행복하게 잘 살았으면 좋겠어요.

아빠 이야기를 꺼낼 수가 없어요

저는 아빠 얼굴도 기억을 못해요. 아주 어릴 때 엄마 아빠가 헤어졌거든요. 우리 집은 그냥 항상 아빠가 없는 것으로 생각했고, 또 거기에 익숙해졌어요. 어릴 때 아빠에 대해 궁금한 적도 있었지만 그냥 왠지 아빠 이야기를 꺼내는 것이 어색하고, 엄마가 안좋아하시는 것 같아 물어볼 수가 없었어요. 사춘기가 되니까 엄마랑 다투는 일이 많이 생겼어요. 저만 바라보는 엄마한테서 좀 벗어나고 싶고, 아빠에 대한 생각이 많아졌어요. '우리 아빠는 어떤 사람이었을까? 왜 나를 돌보지 않았을까, 나는 누구일까? 아빠는 나를 기억하고 사랑할까? 어디에 살고 있을까?' 이런 생각 말이에요. 묻고 싶은 게 있지만 차마 그런 이야기를 꺼내지도 못하고 있어요.

아이의
속마음

그냥 금기인거죠. 언젠가 엄마한테 왜 나는 아버지랑 같이 안 사냐고 물어봤다가, 엄마 얼굴이 심각하게 변하는 걸 보고 그 후로는 절대 물어보지 않게 되었어요.　　　　　　　　　　 - 중3 현준

부모의
속마음

아이 아빠에 대해 나쁜 기억이 많아요. 애한테 말 못할 이야기도 많구요. 살려고 애를 들쳐 업고 도망치듯 나온 게 겨우 두 돌 때 예요. 그동안 어렵게 현준이 하나만 보고 살았어요. 남편과의 결혼생활을 돌아보면 너무 힘들어서 남편 생각을 별로 하고 싶지 않았어요. 아이한테 남편 닮은 모습이 조금이라도 나오는 것 같으면 너무 싫었구요. 지금은 아이 눈에서 공허한 느낌을 읽을 때마다 가슴이 덜컥 내려앉곤 해요.

자, 그럼 터놓고 대화해 볼까요?

그래요. 참 곤란하고 어려운 상황이네요. 흔히 아버지의 부재, 아빠가 안 계시다고 표현하는데 선생님은 동의하지 않아요.

◆ 아빠가 있다

현준이는 아빠가 '있어요.' 부모님이 이혼하셨더라도, 어디에 살고 계신지 모르더라도, 혹시 돌아가셨더라도, 아빠는 계시답니다.

저는 현준이가 아빠의 부재를 생각하고 느끼기보다 아빠의 존재를 느끼기를 바랍니다.

아버지가 존재했기에 현준이가 태어났어요. 현준이가 이렇게 살아 있다는 것은 바로 아버지가 계시다는 증거가 되지요. 아버지와 어머니가 항상 현준이 몸과 마음 속에 있다는 걸 기억해요.

그런데 엄마가 말하지 않지만 현준이도 느끼고 있을 거예요. 아버지 이야기를 선뜻 하지 않은 것은 뭔가 좋지 않은 것이 있기 때문이라는 걸요. 그래요. 현준이 아버지는 부족한 분이었을 수 있고, 잘 모르지만 어떤 상황에 연루되어 있거나 마음이 많이 힘든 분이었을 수도 있어요.

◆ 더 아름답게

아버지가 훌륭한 사람이면 좋았을텐데, 라고 생각하는 많은 청소년들을 만나곤 해요. 아버지의 나쁜 모습을 많이 봐서, 혹은 주변 사람들에게 들어서 아버지가 좋지 못한 사람이라고 느끼는 거지요. 맞아요. 이 세상의 많은 아버지들이 완전하지 않아요. 극단적으로 말하면 어떤 아버지는 범죄자였을 수도 있어요. 그렇다면 우리는 그런 아버지 밑에서 태어난 것을 부끄러워하면서 결여된 채세상을 살아가야할까요?

아니에요. 혹시라도 그런 배경이 있다 하더라도 우리가 태어나고 살아가는 이유는 그것을 극복하고, 나와 세상을 더 아름답게 만들고 돕기 위해서랍니다.

◆ 출생의 비밀

현준이가 잘 알지 못하는 어른들의 세계가 많아요. 여러 이유가있을 거예요. 드라마에서나 볼 수 있는 것 같은 상황을 선생님도 상담을 하면서 많이 마주쳤어요. 현준이도 무척 궁금할 거예요. 하지만 궁금한 그 모든 것에 대해서 알 수 없는 경우가 많아요. 누군가사실을 말해준다고 해도, 그것이 말해준 사람의 머릿속에서 바뀌어나온 다른 사실일 수도 있구요.

엄마, 저를 혼자서 열심히 길러주셔서 감사해요.

제가 요새 자꾸 대들고 속을 썩여서 죄송해요.

엄마, 저는 꼭 물어보고 싶은 게 있어요.

엄마가 대답을 해주셨으면 하는데,

지금 꼭 말해주시지 않아도 좋으니 생각을 해 주세요.

엄마가 말해주시기를 기다릴게요.

저도 아빠가 분명히 있죠?

아버지에 대해서 말 못할 사정이 있을 거라고

짐작은 하고 있어요.

아버지에 대해 제가 다 알 수도 없고

엄마가 말할 수 없는 것도 있을 거예요.

그런데 아버지가 어떤 분이셨든지 간에

아버지의 좋은 점에 대해서 이야기해 주세요.

그리고 저와 아빠가 조금이라도 좋은 시간을 보냈다면

그 이야기도 해 주세요.

제가 더 잘 자랄 수 있도록요.

엄마에게 바른자세로, 바른 마음으로 한번 물어보세요. 그리고 며칠이라도 좋으니 기다리세요.

◆ 기다리다

아마도 엄마는 마음의 준비를 하시고, 무슨 말을 해 줄 수 있을까 생각하고 고민하실 거예요.

그럴 때 다시 이야기해요. 원래 중요한 이야기는 갑자기, 한 번에 끝이 나지 않아요. 시간을 두고 천천히 이야기해 봐요. 하지만 어머니도 아직 해결이 안 되고 정리가 안 되었는지도 몰라요. 몇 십 년이 흘러가도 그럴 수 있어요.

엄마가 아버지에 대해 다 이야기할 순 없겠지만 현준이가 여쭤본 대로 아버지의 장점에 대해서, 그리고 좋은 기억 한 가지라도 찾으시려고 할 거예요. 다른 어떤 것보다도 기억해야할 것은 바로 그런 것이랍니다. 부모님 사이에서 나쁜 일이 많았을 수 있지만, 모든 것이 최악은 아니랍니다. 아버지의 나쁜 점에 대해 자꾸 기억하려고 하기보다 아버지의 장점과 좋은 추억을 기억하고 간직하는 것이 바로 우리를 세상에 도움이 되는 사람으로 바뀌게 한답니다.

◆ 모르는 채로 존중하다

엄마가 어떤 이야기를 해 주실지 모르겠지만 들려주시는 이야기가 있다면 작은 이야기라도 소중하게 간직해요. 혹시라도 아버지에 대한 이야기를 듣지 못할 수도 있어요. 그렇더라도 아버지가 현준이를 쓰다듬어주거나, 안아주던 순간이 있었음을 상상해봐요. 오랜시간 함께 하지 못했어도 그런 순간이 반드시 있었을 거라고 느껴보세요. 그리고 이렇게 현재 생명을 가지고 살 수 있는 것에 대해 감사하도록 해요. 그것이 현준이의 삶을 건강하고 행복하게 바꾸는 선택이랍니다.

밝고 열심히 살아가려고 결심을 했다면 어머니한테 한번 이렇게 말해 보세요.

 엄마, 저는 아버지하고 같이 살지는 않지만
이렇게 태어나게 해 주신 아버지, 어머니께 감사해요.

나도 잘하고 싶다구

책보다 무거운 어깨를 짊어진 십대들의 진짜 외침

이지은 지음 | 224면 | 값 12,000원

고민 덩어리 한 움큼씩 쥔 채, 오늘도 자란다
십대들의 '짠한' 진짜 속마음!

학습법 전문가로 왕성한 활동을 하며 학생과 부모 모두에게서 엄청난 인기를 얻고 있는 저자가 현장에서 마주친 십대들의 크고 작은 성장 이야기를 담았다. 가치 있는 성장으로 더욱 성숙해지려고 애쓰는 어린 청춘들의 진정한 바람과 노력이 고스란히 전해지는 책이다.

나란 놈, 너란 녀석

열일곱 살, 친구 관계를 생각하다

김국태, 김기용, 김진숙, 이수석, 이승배, 이정숙, 임병구 지음 | 216면 | 값 12,000원

그늘진 학교 풍경 속에서 잊고 지냈던
나와 친구에 관한 숨은 가치들!

이 책은 집 밖에서 만나는 첫 인간관계인 친구 관계에서 십대들이 용기 있게 대처하도록 길잡이가 되어준다. 십대들과 매일매일 마주치고 있는 7명의 현직 교사들이 22가지 주제로 저마다 개성 있는 목소리를 전한다.

아닌 척! 괜찮은 척! 열다섯의 속마음

휘청거리는 자존감과 복잡한 고민과 갈등에 치이는 나, 열다섯 살이라구!

김현정 지음 | 244면 | 값 12,000원

청소년이라면 누구나 자기만의 가면을 쓰고 있다!

이 책은 휘청거리는 자존감과, 애매하고 불안정한 상황과 갈등 사이에 치이는 십대들을 위한 마음 처방전이다. 한번 넘어지면 다시는 못 일어날 것처럼 공부와 성공을 강조하는 학교와 주변 환경에 점점 주눅이 드는 십대들을 위한 다독임이 느껴진다.

열일곱, 사랑앓이

사랑이 궁금한 나이, 열일곱. 두근두근 사랑의 감정코칭

이지은 지음 | 232쪽 | 값 12,000원

두근두근 설렘의 감정, 청소년들의 연애 상담실

이 책은 이제 막 사랑을 시작하는 열일곱인 아이들이 멋진 어른으로 성장하고, 사랑이라는 감정을 충분히 즐길 수 있도록 눈높이에 맞는 사랑의 기술을 담고 있다.

십 대, 나에 대한 공부가 필요해!

나만의 재능과 생각으로 매일매일 자라는 청소년 '나 입문서'

전진우 지음 | 224면 | 값 12,000원

스펙과 성적보다 '나에 대한 공부'가 훨씬 중요해!

이 책은 몸과 마음이 자라는 십대 시기에 '나에 대한 탐구'를 해 나가기를 권하고, 자기만의 방식으로 다양한 표현을 하며 주도적인 삶을 독려하는 따뜻한 에세이다. 생활 속에서도 쉽게 실천할 수 있는 창의 활동을 통해 '내 생각, 내 표현, 그리고 감성과 소통능력'을 키운다.

꿈, 지금 꼭 정해야 하나요?

꿈과 진로에 대해 몰아붙여지는 십 대를 위한 마음다독임

김국태, 김기용, 김진숙, 이수석, 이승배, 이정숙, 임병구 지음 | 248쪽 | 값 12,000원

십 대, 꿈과 진로에 대해 꼭 짚어 봐야 할 스물다섯 가지 생각거리

이 책은 마치 숙제를 하듯이 진로를 정하는 청소년들에게 좀 더 꿈을 꿈답게 품을 수 있는 자유와 시야에 대한 이야기를 들려준다. 교실에서 아이들의 꿈과 진학을 무수히 접한 일곱 선생님들이 이 땅에서 꿈과 미래를 키우며 자랄 청소년을 위해 쓴 따뜻하고 공감어린 응원 에세이다.

니 몸, 네 맘 얼마나 아니?

사실 십대가 진짜 알고 싶었던 솔직한 성 이야기

배정원 지음 | 224면 | 값 12,000원

청소년들이 '진짜' 알고 싶어 했던,
솔직하고 현실적인 십대의 성과 사랑!

이 책은 현장의 성교육 전문가가 아이들이 정말 궁금해 하는 성 이야기들-자신의 몸, 이성 교제, 사랑과 섹스에 관련된 여러 가지 이야기-에 대해 들려준다. 나아가 자신을 사랑하는 법과 건강한 몸으로 행복한 꿈과 미래를 만들어가는 해법 또한 제시해 준다.